KB046857

창의융합교육의
이론과 실제

Practice &
Theory
of
Creativity
Convergence
Education

백성혜 김상인 공저

= 목 차 =

머 리 말

인공지능(AI) 시대에는 창의융합교육이 필수이다. 지금까지의 교육이 정답을 외우는 식의 암기위주 교육이었다면, 이제는 창의력을 목표로 융합교육이 진행되어야만 한다. 20세기 미국 교육은 창의력 교육을 위해 영감(soul)을 주는 창의적 교육환경에 투자를 하였다. 창의융합교육은 상상력과 영감을 통한 아이디어 창출에 도움을 주는 지도와 환경이 되어야 한다. 창의융합교육은 자신 안에 잠재되어 있었던 개성 있는 발산적 사고(divergent thinking)에 대해서 자연스럽게 적용하고 그 과정과 결과를 수용하는 자세가 있어야 한다.

본서의 구성은 창의융합교육과 창의융합교육의 실제 사례들에 대해서 논하였다. 본서는 창의융합교육과 인성함양을 지향한다. 본서는 창의융합교육을 지도하는 교사와 학부모들에게 필독서가 되기를 바라는 마음으로 집필하였다.

2019년 2월

백성혜 김상인

I. 융합교육의 접근

Approach of Convergence Education

Ⅰ. 창의융합교육의 접근

1. 창의융합교육의 탄생 배경

오늘날에는 분야별 개별 지식만으로는 복잡하고 다층적인 현안의 이슈들을 해결하는 데 한계가 있기에 개별적인 학문의 전문적 지식과 기술의 적용보다는 창의적 문제해결을 위해 학문간 융합이 요구되기 시작하였다. 특히 사회 환경이 급변함에 따라 단순한 지식 전달보다는 지식들을 융합하고 해석하는 능력이 필요하게 되었다.

융합에 대한 시대적 요구는 '창조 경제'라는 국정 운영의 핵심 비전으로까지 가시화되었으며, 여기서 창조 경제란 아이디어, 혁신, 창의성 등에 기반을 둔 경제 체제를 의미한다. 이 비전의 기저에는 새로운 부가가치를 창출해내는 것이 곧 국가 경쟁력이 된다는 가정이 있었다. 특히 창조경제의 부상을 위한 가장 핵심적인 요소로 창조적이고 융합적인 탈경계형 인재가 요구되면서 과학기술 뿐 아니라 인문 사회와 문화 예술 등 전 분야를 아우르는 창조 융합 인재에 대한 수요가 증대하였다. 이러한 시대적 요구에 부응하기 위해서 우리나라에서는 융합교육이 활성화되기 시작하였다.

  2010년 정부는 '창의인재와 선진과학기술을 여는 미래 대한민국'이라는 비전을 바탕으로 6대 중점과제를 발표하였다. 그 6대 중점과제 중 하나인 '세계적 과학기술인재 육성'을 위한 추진 전략으로 '초·중등 STEAM교육 강화'가 제시되었다. 2012년 대통령 업무보고에서는 '인재대국 진입으로 선진 일류국가 실현'이라는 비전을 모토로 3대 추진과제를 설정하고, 창의·융합형 과학인재를 체계적으로 육성하기 위한 융합교육을 본격적으로 추진하겠다고 천명하였다.

  이에 발맞추어 2011년도 교육과학기술부에서는 수학과 과학 중심 학교 교육에 실용적인 기술과 공학을 연계하여 현대 사회에 필요한 과학기술 소양을 갖춘 인력 양성 기반을 목적으로 STEAM 교육을 활성화하였으며, 과학예술영재학교의 설립 등을 추진하여 현재 인천과 세종이 각각 하나씩 설립 운영하고 있다. 또한 초·중·고의 교육과정에 융합인재교육 또는 STEAM교육을 포함시키고, 대학과 대학원의 고등교육에서는 융합이라는 용어를 사용한 학부나 학과의 설치, 학제 간 연구 등으로 융합교육을 시도하고 있다. 또한 2015 개정 교육과정에서는 창의융합형 인재 양성을 위하여 문과와 이과의 벽을 허물고 배움을 즐기는 행복 학교를 지향하고 있다.

2. 융합교육의 필요성

과학과 기술의 발달은 미래의 인재교육에 대한 패러다임도 변화를 주었다. 그러나 아직은 전통적인 교육에서 벗어나지 못한 학교 교육으로 지식을 이해하고 전달하고 있는 백과사전식 사고방식을 가진 인간을 양성하는 것에 집중하고 있다. 우리나라에서 과학, 수학 분야의 인재 육성을 위해 한국과학창의재단이 주도하여 오랫동안 학교 현장에 뿌리를 내리기 위해 노력하고 있는 융합인재(STEAM) 교육 역시 이러한 한계를 벗어나지 못하고 과학, 수학, 예술, 공학, 기술 등을 조각내어 유사한 소재로 묶어서 지식을 전달하는 수준에 그친 교육 방식을 지속하고 있다.

이제 우리는 지식을 가르치는 방식의 교육에서 벗어나 학생들에게 자신의 인성을 깨우치고 스스로 창의적인 사고를 할 수 있는 사람으로 변화시키는 교육을 해야 할 때가 되었다. 인성 중에서 가장 중요한 것은 자신만의 고유한 사고방식을 개발하고 적용하는 능력이다. 즉, 사람이 스스로 사고하는 방식을 깨우치지 못하고 다른 사람들이 사고하는 방식에 의해 만들어진 결과를 수동적으로 받아들이기만 한다면, 이는 인공지능시대의 문맹이라고 할 수 있다. 스스로 글을 읽을 줄 모르고 다른 사람의 말을 듣고 따라야 하는 것은 세상에서 가장 답답한 일일 것이다. 융합교육을 통해 스스로 자신만의 고유한 사고를 하면서 세상을 새롭게 만들어가는 역량을 길러주는 것은 미래 인재들의 행복을 위한 가장 중요한 교육의 목표일 것이다. 세상에 옳고 그른 것은 없으며, 단지 고유함이 있을 뿐이라는 것을 깨우치기 위해서는 자기존중, 자기성찰, 자기조절 역량을 가지는 것이 필수적이다. 또한 혼자 사는 세상이 아니라면 우리는 자신의 고유한 생각을 다른 사람들과 소통 하는 법도 역시 배워야 한다. 그러려면 배려, 소통, 공감의 역량 역시 창의융합인재 교육에서 빠져서는 안 된다. 또한 미래 사회 안에서 자신의 정체성을 가지지 위해서는 사회에 대한 책임, 정의, 참여 역량을 획득해야 한다. 단지 사회를 비난하고 등 돌리는 사람이 아니라 적극적으로 참여하여 자신의 생각을 구현하고 함께 나눌 수 있는 사회를 만들기 위한 노력을 기울이는 사람만이 진정한 미래 인재이기 때문이다. 가장 중요한 것은 자신과 자신이 하는 일 자체를 즐기고 아름다움을 스스로 깨닫는 것일 것이다. 삶의 가치와 행복을 스스로 만들어내고 주체적으로 자신의 삶을 살아가는 인재가 인공지능시대를 이끌어 갈 수 있으며, 이러한 인재를 길러내기 위한 새로운 교육의 시도가 바로 융합교육이다.

융합교육은 일원주의(Monism)의 한계를 극복하고 탈근대적인 시대가 요구하는 다원주의(Pluralism)의 창조적인 가능성과 잠재력을 수용하고자 하는 세계적인 학문적 연구와 일맥상통한다. 상황과 맥락에 대한 이해와 함께 다양한 이론의 공존을 받아들이는 다원주의는 옳음에 대한 가치 판단을 거부하는 상대주의와는 차별화되므로 학생들이 다양한 영역의 지식을 학습한 후에 혼란을 겪을 가능성은 낮다. 오히려 유일한 지식 체계 대신 다양하고 실질적인 '앎'이 생성되는 상황과 맥락을 이해함으로써 더욱 확고한 가치 판단의 기반을 다질 수 있다. 또한 소위 '정상 패러다임'과 달리 다양한 지식에 대한 관용적 태도를 가지기 때문에 위기 상황에서 혁명적 변화를 겪지 않고도 자연/사회 현상에 대한 설명과 분석이 가능할 것이며 이전보다 훨씬 포괄적인 해석과 해결책을 제시할 수 있다.

따라서 본서는 창의융합교육의 이해를 기초로 인지심리학적 이론과 행동주의심리학적 이론과 Alfred Adler의 창의적 자아 이론을 중심으로 창의적 교육의 실제에 대해서 논 하고자 한다.

3. 융합교육과 혁신

혁신의 정의는 '창조'로, 기존에 없던 것을 새롭게 만들어

내는 것이라는 점에서 융합교육이 추구하는 목표와 일치한
다. 또한 혁신은 '새로운 인식'과 관련된다. 최근 교육현장에
서 화제가 되는 여러 화두 중 하나가 바로 '4차 산업 혁명'
이다. 4차 산업 혁명의 시대를 대비하기 위한 교육은 기존의
교육 체제와 다른 형태여야 한다. 특히, 지금까지 이루어져
온 분과적인 교과 지식에서 벗어나 여러 학문을 관통하는 핵
심 개념이나 아이디어를 제시할 필요가 있으며, 이는 학문에
대한 융합적 접근을 의미한다. 우리나라의 2009 개정 교육
과정에서는 '융합과학'이라는 교과를 도입하였으며, 2011년
교육과학기술부에서는 융합인재(STEAM)교육을 도입하였다.
또한 2015 개정교육과정에서는 교육과정 총론에 융합을 포
함하였다.

　교육 분야에서 도입된 많은 혁신적인 정책은 그 정책이 옳
고 그름을 떠나 학교 현장에서의 강한 저항으로 성공적으로
도입되지 못한 채 새로운 혁신이 반복적으로 다시 도입된다.
이는 혁신이 가지는 특성 때문이다. 혁신(innovation)이란 라
틴어에서 새로움을 의미하는 nova에서 유래한 것이며, 한자
는 '가죽을 벗겨 새롭게 한다.'라는 의미를 가진다. 즉, 가죽
을 벗는 것과 같은 어려움과 아픔을 혁신이라는 과정은 내포
하고 있기 때문에 혁신을 수용하기 위해서는 기존의 익숙한
것을 버리고 새로운 것을 채택하는 과정의 심리적 저항이 있
게 된다. 이러한 혁신의 어려움을 극복하기 위해서는 혁신의
수용과 확산에 관심을 기울여야 한다.

혁신의 수용과 확산은 수용자가 기존의 방식에 비해 혁신이 더 낫다고 인식해야 가능하기 때문에, 혁신이 채택되기 위해서는 혁신이 실행되는 사회의 문화적 가치, 전통적 지식 체계에 부합해야 한다. 이러한 면에서 융합교육을 학교현장에 성공적으로 정착되기 위해서는 실행의 주체인 교사의 인식 변화가 필수적이다. 융합교육은 기존의 지식기반 사회에서 행해진 분과적인 수업형태에 대항하는 것으로, 여러 학문을 유기적으로 연계하여 실행하는 맥락에서 문제 해결을 위한 수업의 혁신이다. 그러므로 학교현장에 성공적으로 적용되기 위해서는 교사들의 융합적 사고에 대한 바른 개념정리와 교과를 바라보는 인식 변화가 필수적이다. 교사가 학생을 지도하는 것을 벗어서 서로 협력하는 것과 교사와 교사가 서로 융합적 수업을 위한 혁신의 논의와 토론이 있어야 한다.

융합교육은 인위적인 여러 학문 간의 섞임(mix)보다는 학문의 기본 관통개념(crosscutting concepts)을 통한 학문의 연계(학문 간 연계 또는 학문 내 연계)를 통해 이루어져야 한다.

학교 급별 학생의 발달 수준이 고려된 융합교육과정을 구축하고 학년이 올라감에 따라 융합적 사고의 폭과 깊이가 확대되는 교육프로그램을 개발함으로써 미래의 학생들이 사회의 각 위치에서 요구되는 유연한 융합적 사고를 가지게 될 것이다.

4. 융합교육의 개념

오늘날 교육현장에서는 새로운 방향을 모색하기 위해 과학, 인문, 사회, 예체능까지 다양한 학문을 비롯한 실천분야들의 융합을 추구하고 있다. 이러한 융합교육의 가장 중요한 목적은 인간의 창의적 사고를 기르기 위한 것이다. 학문의 발달 과정을 살펴볼 때, 다양한 문명으로부터 탄생한 분과 학문들은 서로 긴밀하게 연결되어 있는 융합적 사고의 산물이다. 융합적 사고는 고착화된 시각에서 벗어나 다초점적인 사고를 가능하게 하고, 이로부터 새로운 창의적 사고를 만들어내는 일을 가능하게 한다.

조금 더 구체적으로 진술하자면, 융합교육은 모든 것을 잘하는 인재의 육성에 그 초점을 두는 것이 아니라, 자신의 위치에서 다양한 분야의 사람들과 의사소통할 수 있고 열린 마음으로 다른 사고를 받아들여 상이한 범주-영역-분야를 창조적으로 연결할 수 있는 능력을 갖춘 인재를 기르는 것이다. 또한 융합교육에서는 특정 지식이 '유일한 진리'인 것처럼 제시하는 교수방식을 버리고, 지식이 만들어지는 상황과 맥락 및 다양한 전제 조건들을 접하게 함으로써 학습자가 다양한 지식들을 비교하면서 연결시킬 수 있는 시각을 길러주는 것을 중요시 한다.

융합교육은 경쟁과 효율성만을 강요하는 현대 사회의 모순을 해결하고, 상호 공존과 지속적 발전이 필요한 미래 사회를 건설하기 위한 목적을 가진 교육이다. 따라서 단일한 지식 체계 대신 다양하고 실질적인 '앎'이 생성되는 상황과 맥락을 이해함으로써 다양한 지식에 대한 관용적 태도를 가지고 이전보다 훨씬 포괄적인 해석과 해결책을 제시할 수 있는 인재를 기를 수 있다.

이러한 융합적 사고의 근본적 이해를 통해 우리는 정해진 지식을 전달하는 역할에서 벗어나 창의적인 인재 육성을 위한 새로운 교수를 설계할 수 있다. 특히 오늘날과 같은 과학기술의 시대에는 인문학적 성찰과 인간의 정체성, 인문학과 과학, 기술, 예술의 미래지향적 만남 등의 다양한 융합적 교육을 통해 창의적이고 조화로운 인재를 길러낼 수 있는 환경을 마련하는 것이 매우 중요하다. 특히 창의적 사고를 가능하게 하는 매체와 공간을 활용하는 것은 융합교육의 출발에 핵심이다.

융합교육은 다양한 지식의 양을 증가시키는 데에 그 목적을 두지 않는다. 융합교육은 '인문, 사회, 과학, 기술의 기초 소양을 균형 있게 함양하기 위한 교육'으로서 궁극적으로 나와 사회, 자연과 세계가 모두 유기적으로 연결된 하나의 총체임을 이해하고 삶 속에서 배움을 실현하는 인성교육과 같은 맥락을 가지고 있다.

현재 융합이라는 이름 아래 융합, 복합, 통합, 탈경계, 통섭 등 다양한 용어가 사용되고 있는데, 같은 상황에서 모호하게 사용되고 있는 용어들의 의미를 먼저 명료화할 필요가 있다. 이는 곧 우리가 지향하고자 하는 융합교육이 무엇을 지양하고 어디를 지향할 것인지를 알려주는 지표가 될 것이기 때문이다. 다양한 융합교육의 지표 중에 단순한 수준의 약한 결합의 융합교육을 지양하고, 깊은 내용의 강한 결합을 지향하는 융합교육으로 나아가는 방향이 제대로 설정되어야 한다. 개념적으로 '복합' 보다는 '통합',이 '통합' 보다는 '융합' 이 더 강한 결합이며, '복합' 수준의 융합에 머무르지 않고, 진정한 '융합' 으로 발전시키기 위한 개념 정립이 필요하다.

5. 융합교육의 이론적 근거와 사례

현재까지 진행되고 있는 우리나라의 융합교육은 과학, 기술, 수학에 대한 흥미 및 이해 향상, 융합적 사고 소양 함양, 실생활 중심의 문제해결력 향상, 이공계로의 진로교육 등을 목표로 하고 있다. 그러나 오랫동안 추진해온 전국가적인 노력에도 불구하고 융합교육은 아직까지 가시적인 교육 효과를 보여주지 못하고 있다. 그 이유 중 하나는 현재 초·중등학교에서 제공되고 있는 융합교육이 학생들의 사고를 촉진시키는 데에 초점을 두기 보다는 단순히 관련된 소재를 중심으로 서로 다른 두 분야의 접목에 그치고 있기 때문이다.

새로운 교육적 혁명은 새로운 이론적 틀을 기초로 해야 한다. 기존의 교육 이론들은 융합교육을 위한 이론의 틀로는 적합하지 않다. 학문간 융합의 핵심은 학문에 활용되는 정신적, 물질적 도구를 연결시키는 것이다. 여기에는 무형적 도구인 학문의 사고방식, 관련 개념, 상황 맥락 등이 있으며, 물리적 도구로 실험도구, 연구 장비, 시스템 등을 들 수 있다.

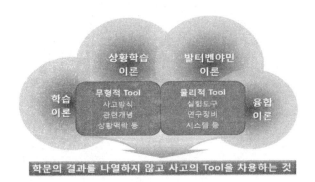

학문의 결과를 나열하지 않고 사고의 Tool을 차용하는 것

예를 들어 다윈의 진화론은 맬서스의 인구론으로부터 가져온 식량과 생명 현상 조절이라는 관계를 찾기 위해 보이지 않는 손이라는 사고의 도구를 차용함으로써 발전할 수 있었다. 또한 입자의 궤적을 찾기 위한 도구로 맥주의 거품에서 착안한 거품상자의 발명은 새로운 과학적 발견의 토대가 되었다. 이를 착안한 미국의 도널드 그레이저 박사는 1960년에 노벨상을 받았다.
2011년도 준결정으로 받은 노벨화학상의 경우에도 결정을 측정하는 도구의 변화가 새로운 과학적 발견에 중요한 영향을 미쳤다. 그는 공대 교수로 다른 과학자와 달리 투과전자현미경을 통해 준결정의 구조를 최초로 밝혔는데, 그의 주장에 대해 초기에는 대다수의 과학자들이 비웃었으며, 심지어 "교과서를 다시 보라"는 소리까지 들었다. 그는 나중에 한국을 방문하였을 때 학생들에게 이렇게 말하였다. "여러분, 겸손하십시오. 하지만 교과서를 믿지는 마십시오." 이처럼 융합적 사고를 통해 성공한 인재들의 특징은 기존의 지식을 거부하고 새로운 방식의 학문적 사고, 관련 개념, 상황 맥락 등을 연결하거나 실험도구, 연구 장비, 시스템 등을 새로운 분야에 적용하였다는 것이다.

세흐트만 교수   투과전자현미경   준결정

2011년 노벨화학상 수상위원회 편지

3000년 동안 사람들은 결정형 고체만 있는 줄 알았는데, 셰흐트만 교수는 준결정을 발견하였습니다. 그는 질서에 대한 우리의 사고를 바꾸었습니다. 과학이란 경험적 기초 위에 이론적인 건축물을 세우는 것이며, 관찰은 이론을 만들기도 하고 깨버리기도 합니다.

우리는 거인의 어깨 위에 있는 난쟁이 같아서 거인보다 더 잘 볼 수 있고, 또 더 멀리서도 볼 수 있습니다. 이것은 우리가 예리한 관찰력을 가져서가 아니라, 거인 덕분에 높은 위치에서 볼 수 있기 때문입니다.

이 은유는 눈먼 거인 오리온은 눈을 뜰 수 있게 된다는 동쪽 끝의 태양을 찾아가기 위해 그의 하인 세달리온을 어깨 위에 올려놓고 갔다는 고대 신화입니다.

뉴턴 등 많은 사람들이 인용한 이 신화는 과학의 발전 과정을 보여 줍니다. 각 세대는 선조들이 쌓아 놓은 지식 위에 지식을 좀 더 축적합니다. 하지만 우리 하나하나는 난장이일 뿐입니다.

과학은 견고한 기초 위에서 날마다 도전을 받는데, 언제 이 도전을 심각하게 받아들여야 할지 알기 어렵습니다. 난장이(과학자)는 거인(기존의 과학지식)에게 의존해야 아주 잘 볼 수 있습니다. 그러나 올해의 노벨상 수상자는 기존에 성립된 진실과 싸우기 위해 거인의 어깨에서 내려왔습니다.

거인의 어깨에서 내려오는 것은 도전입니다. 특히 위에 남은 사람들이 땅에 내려온 난장이를 멸시합니다. 다니엘 셰흐트만이 당한 불신은 적절하고 건전한 것이었습니다.

지식이 성장하려면 상호 의심은 중요합니다. 그러나 그가 겪은 조롱은 공정하지 않았습니다. 우리는 높은 곳에 남아 땅 위에 내려온 난장이를 멸시하였습니다. 땅 위에 내려서서 바보가 되는 것은 대단한 용기를 필요로 합니다.

다니엘 셰흐트만 교수님, 당신은 준결정을 발견하여 과학의 새로운 분야를 탄생시켰습니다. 또한 우리가 아는 것이 얼마나 보잘 것 없는지 상기시켜 주었고, 우리에게 부끄러움을 가르쳐 주셨습니다.

스웨덴 왕립과학원은 진심어린 축하를 드립니다. 이제 앞으로 나오셔서 노벨상을 받으시기 바랍니다.

창의성은 타고나는 것이 아니라, 길러지는 것이다. 많은 경우에 창의적 산물로 노벨상을 받은 사례는 스승과 제자 사이였다. 스카치테이프를 이용하여 그래핀이라는 신소재를 발견한 안드레 가임 교수와 콘스탄틴 노보셸로프 박사는 스승제자 사이이며, 탄소를 2차원의 얇은 층으로 만들기 위해 스카치테이프를 사용하였다. 그는 그 전에 게코 도마뱀의 발바닥을 본 딴 게코 테이프를 발명하였는데, 이러한 사고방식의 차용이 새로운 물질의 발견으로 이어진 것이다. 이러한 다양한 사례를 통해서 융합교육을 통해 창의성이 길러질 수 있음을 알 수 있다.

가임 교수 노보셸로프 박사   그래핀

6. 융합교육 프로그램의 구성과 평가의 사례

복잡하게 연결된 사회에서 필요로 하는 핵심 역량으로는 비판적인 사고력과 문제해결 역량(Critical thinking and problem solving), 의사소통 역량(Communication), 함께하는 협력 역량(Collaboration), 창의력과 혁신 역량(Creativity and innovation), 컴퓨터 작업과 정보통신기술의 사용 역량(Computing and ICT Literacy), 직업과 자립정신 역량(Career and self-reliance), 그리고 다양한 문화 이해 역량(Cross-cultural understanding)등이 있다.

이러한 역량을 기르면서 자연 현상을 바라보는 다양한 관점을 가지고 자신의 인성을 깨우치고 스스로 창의적인 사고를 할 수 있는 사람으로 변화시키는 교육이 중요하다. 특히 인성 중에서 가장 중요한 것은 자신만의 고유한 사고방식을 개발하고 적용하는 능력이다.

위의 그림에서 고양이가 올라가고 있을까? 내려가고 있을까?

서로 다르게 위의 그림을 보는 이유는 사람마다 어디를 바라보고 판단하는가에 달려있기 때문이다. 고양이의 그림자를 볼 때, 계산의 그림자를 볼 때 등등 판단의 기준이 다르면 해석도 다르다. 중요한 것은 이러한 시각 차이의 중요성과 가치를 깨닫는 것이다. 차이를 불편하게 생각하고 하나의 생각이 옳다고 주장하는 것은 융합교육의 반대되는 생각이다. 융합교육의 기초는 서로 다른 렌즈로 세상을 바라본다는 점을 인식하는 것이다.

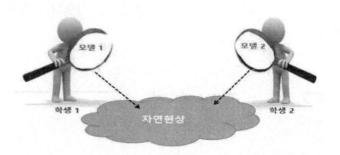

　따라서 융합교육 프로그램의 매 차시는 토론 활동이 주가
되어 운영되어야 한다. 토론 활동은 크게 3단계로 구성된다. 1
단계는 주어진 상황에서 자신의 생각을 정립하고 이를 외부적
으로 표현하는 단계이고, 2단계는 다른 친구들과 소통하면서
자신의 생각과 다른 사람의 생각의 공통점과 차이점을 중심으
로 다른 사람의 생각을 이해하는 단계이다. 마지막 3단계는 자
신의 생각을 확장·발전시키는 단계이다.

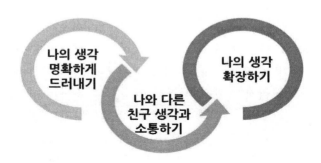

　1단계에서 학생들은 자신의 견해를 확인하고, 자신의 견해가 타당함을 밝히기 위하여 논리적 근거를 명확히 하는 과정을 거치게 된다. 그리고 2단계에서 친구들과의 지속적인 의사소통을 통해 다른 친구들의 의견을 파악하고, 그 이면에 있는 논리적 근거들을 서로 비교·대조하는 기회를 얻게 된다. 다른 친구의 의견이 자신과 다를 경우, 그 의견의 가치를 스스로 판단해야 하고 이를 위해 친구가 제시한 논리적 근거를 하나씩 점검하게 된다. 또한, 친구의 견해가 자신과 같은 경우에도 그 근거가 자신의 것과 같은지 다른지에 대하여 지속적인 점검의 기회가 제공된다. 마지막 3단계에서는 다른 사람과의 의사소통을 통해 수정 혹은 변화된 자신의 생각을 정리하게 된다. 이러한 일련의 과정을 통해 학생들은 사고가 더욱 확장될 것이며, 비판적 사고, 창의적 사고, 의사소통, 협력 역량 등과 같은 미래사회가 요구하는 핵심역량을 함양하게 될 것이다.

이러한 프로그램의 구성을 위하여 ①생각해보기, ②생각 펼치기, ③생각 넓히기의 3단계가 필요하다. 생각해보기는 수업 활동을 하기 전에 학생들의 사전 개념을 확인하기 위한 것으로 주로 일상적인 소재를 사용하여 학생의 흥미를 유발하도록 하는 것이 필요하다. 생각 펼치기에서는 생각해보기의 사전 개념으로 설명되지 않는 상황이나 해당 차시의 주요 개념을 확인할 수 있도록 구성한다. 그리고 생각 넓히기에서는 확장된 상황을 제시함으로써 학생들의 사고가 보다 확장될 수 있도록 한다.

융합교육프로그램을 운영하는 교육자는 학생들이 자신의 생각과 친구의 생각을 잘 드러낼 수 있도록 허용적인 분위기를 형성해주어야 하며, 학생들이 자신의 생각을 나름대로 합리적 근거와 함께 제시할 수 있도록 지도해주는 것이 필요하다.

이러한 융합교육 프로그램을 통해 학생들이 단편적으로 개념습득보다는 넓은 안목으로 그 학문을 바라보게 될 것이다. 이렇게 구성된 융합교육 프로그램이 의도하는 바가 효과적으로 실현되기 위해서는 융합교육전문가들의 역할이 매우 중요하다. 학생들의 적극적인 생각 표현과 충분한 의견 교환을 위해 자유로운 분위기를 조성해고, 자신의 생각만 일방적으로 쏟아내는 토론으로 끝나지 않고, 자신과 다른 견해와 소통하여 더 넓은 사고를 형성하는 기회가 되도록 성숙한 토론 문화를 조성 해 주어야 한다. 또한 수업의 단계와 단계가 유기적으로 연결되어 진행할 수 있도록 수업 전후 활동을 잘 안내하는 것이 필요하다.

　융합교육 프로그램을 통해 세상에 옳고 그른 것은 없으며, 단지 고유함이 있을 뿐이라는 것을 깨우치기 위해서는 자기 존중, 자기성찰, 자기조절 역량이 필요하다. 우리는 자신의 고유한 생각을 다른 사람들과 소통하는 법도 역시 배워야 한다. 그러려면 배려, 소통, 공감의 역량이 필요하다. 미래 사회 안에서 자신의 정체성을 가지기 위해서는 사회에 대한 책임, 정의, 참여 역량을 가져야 한다. 그리고 자신과 자신이 하는 일 자체를 즐기고 아름다움을 스스로 깨닫는 심미적 역량도 중요하다. 이러한 역량을 길러내는 데에 초점을 두는 융합교육 프로그램의 핵심은 지식이 아닌 인성을 기르는 데에 있다.

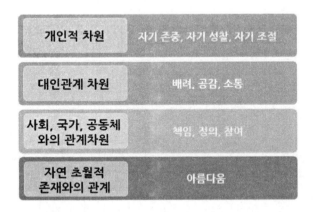

개인적 차원	자기 존중, 자기 성찰, 자기 조절
대인관계 차원	배려, 공감, 소통
사회, 국가, 공동체와의 관계차원	책임, 정의, 참여
자연 초월적 존재와의 관계	아름다움

융합교육은 삶의 가치와 행복을 스스로 만들어내고 주체적으로 자신의 삶을 살아가는 인재가 인공지능시대를 이끌어 갈 수 있다는 관점에서, 이러한 인재를 길러내기 위한 새로운 교육 시도를 하는 것이다. 그리고 이를 발현할 수 있는 프로그램을 통해 학생들의 성장을 판단하는 평가의 기준은 인성에 두어야 한다. 보다 구체적으로 평가의 요소와 의미를 제시하면 다음과 같다.

평가 항목		평가 문항 사례
개인적차원	자기 조절 (규범 규칙)	1. 어떤 상황(때)에서 자신의 감정이 잘 조절 되지 않는 지에 대해 적어 보세요. 2. 자신의 생각과 의견이 맞지 않는 친구들과 조율한 경험을 적어보세요. 3. 대화중에 화가 날 때에 어떤 행동으로 마음을 푸나요?
	자기 성찰 (마음 읽기)	1. 자신의 생각 중에 부족한 부분을 보완하고 싶은 것이 있다면 어떻게 하나요? 2. 자신이 표현하고 싶은 것이 있다면 어떻게 표현하나요? 3. 자신의 말과 행동 때문에 친구들에게 기분 나쁘게 했던 일이 있었다면 어떤 것이있나요? 4. 자신이 노력하여 문제를 해결 한 적이 있었다면 어떤 일이 있나요? 5. 친구와 사이좋게 지내기 위해 자신에게 필요한 태도는 어떤 것이 있나요?

자기 존중 (실행 의지)	1. 자신이 잘 하는 것(장점, 재능) 때문에 뿌듯함을 느껴 본 적이 있었다면 어떤 것이 있나요?. 2. 나의 이미지(image) 관리를 위해 버리고 싶은 말(언어)은 무엇이 있나요? 3. 주변사람들이 나에게 반복해서 조심하라고 충고 해주는 행동이 있다면 어떤 것이 있나요?	

대인관계차원	소통 (규범 규칙)	1. 친구와 어떠한 내용의 대화를 했을 때에 의사소통이 잘 되었나요? 2. 마음이 통하는 친구는 무슨 이유(원인) 때문이라고 생각하나요? 3. 자신의 생각과 다른 친구를 설득하는 방법이 있다면 어떤 것이 있나요?
	공감 (마음 읽기)	1. 자신과 다른 의견을 주장하는 친구를 이해하고 존중 해 준 적이 있었다면 어떤 것이 있나요? 2. 자신의 말과 행동이 친구를 힘들게 하거나 화나게 만들 수 있다는 생각에 조심히 말하고 행동한 적이 있었다면 어떤 것이 있나요?
	배려 (실행 의지)	1. 친구가 자신의 생각을 말할 때에 끝까지 잘 들어 준 경험이 있었다면 어떤 것이 있나요? 2. 자신의 긍정적인 말이 친구를 기쁘게 한 적이 있었다면 어떤 것이 있나요? 3. 자신의 행동에 대해 친구에게 칭찬을 받은 적 있었다면 어떤 것이 있나요?

사회, 국가, 공동체와의 관계차원	정의 (규범 규칙)	1. 자신이 선택하고 결정한 것을 친구들이 잘 했다고 동의한 적이 있었다면 어떤 것이 있나요? 2. 자신의 행동에 대해 친구에게 평가 받거나 거절당한 경험이 있었다면 어떤 것이 있나요? 그 때에 기분은? 3. 자신의 생각보다 학급과 가족의 의견이 올바르다고 생각하여 양보한 경험이 있었다면 어떤 것이 있나요?
	책임 (마음 읽기)	1. 학급 전체를 위해서 자신이 기꺼이 봉사하고 싶은 일이 있다면 어떤 것을 하고 싶은가요? 2. 학교를 행복해지게 하기 위한 좋은 아이디 디어가 있다면 어떤 것이 있나요? 3. 선생님과 사이좋게 잘지 낼 수 있는 좋은 방법이 있다면 어떤 것들이 있나요?
	참여 (실행 의지)	1. 자신이 함께 참여해서 학교나 사회에 좋은 결과를 얻게 된 경험이 있었다면 어떤 것이 있나요? 2. 사회를 위해 가치 있는 직업을 자신의 직업으로 선택한다면 어떤 것이 있을까요? 3. 어떤 일에 대해서 자신이 결정하여 긍정적인 결과를 가져 온 경험이 있다면 어떤 것이 있나요?
인간과 자연초월적 존재와의 관계	아름다움 (영성)	1. 기억에 남는 아름다운 기억을 설명해 보세요? 2. 다른 사람들과 달리 나에게만 의미 있고 소중하다고 생각되는 것들을 설명해 보세요. 3. 인간으로서 우리가 다른 동물들과 달리 자연과 영적 활동을 위해 할 수 있는 일은 무엇이라고 생각하나요?

7. 융합교육의 현재와 미래

인간의 사고는 학습과 경험의 산물이기 때문에 누구도 똑같은 지식과 경험을 갖지 않기 때문에 모든 사람들의 사고방식은 다 다르다. 또한 이러한 다양성을 인식하고 자신의 사고의 틀을 깸으로써 창의적인 사고로 나가는 것이 가능해 진다.

현재는 융합적 사고를 활용한 새로운 가치 창출로 인해 삶의 형태를 바꾸고 미래 사회가 재창조되는 사회로 패러다임 전환이 일어나고 있는 시기이다. 미래의 사회는 인간의 생활양식과 사고방식에 커다란 변화를 일으킬 것이며, 이러한 과정에서 이질적인 분야 간의 경계가 점차 허물어지는 융합의 시대가 도래 할 것이다. 이러한 미래 시대에 맞는 융합인재를 육성하는 것은 바로 교육의 몫이며 사회 패러다임의 변화는 교육의 패러다임의 변화를 요구한다. 과거의 교육이 많은 기존 지식을 가진 인재를 길러냈다면, 미래의 급변하는 사회 구조에 적응하고 발전할 수 있는 새로운 교육의 변화가 이제 필요하게 되었다.

그러나 융합교육의 교육적 가치와 시행의 당위성에는 모두 공감하고 있으나, 아직까지는 학교 현장 적용에 있어서 어려움이 발생하고 있다. 현재 학교 현장에서는 융합교육에 대한 가치를 공유한 채 산발적인 산출물만이 쏟아져 나오고 있으며, 그러한 산출물들은 연구학교나 교사연구회의 특수한 상황을 지닌 채 일반화 가능성이 높은 프로그램으로 발전하지 못하고 있다. 이것은 현재 융합교육의 한계이다. 현재 공교육에서 융합교육 시행에 관한 문제점이 많이 제기되고 있으나 이를 극복할 수 있는 명쾌한 해답을 찾지 못하고 있는 실정이다.

융합교육을 통해 길러내고자 하는 창의적 인재들의 연구사례를 분석하면, 문제 중심의 사고로 학문간 경계를 넘나들었으나 이 과정에서 다양한 분야의 전문가들이 교류하는 공간인 교역지대에서 지적 동반자와의 만남을 통해 창의적 사고가 촉발된 경우가 많다. 예를 들어 아인슈타인이 상대성 이론을 정립하는 과정에서도 작은 소모임의 활발한 논쟁이 사고의 발달에 큰 도움을 주었다. 따라서 성공적인 융합교육을 위해서는 교역지대와 지적 동반자와의 만남을 학생들에게 제공해주어야 한다.

8. 지적 동반자로서 융합교육 전문가 양성 체계 제안

융합교육은 '인문학적 상상력과 과학기술 창조력을 갖춘 창의·융합형 인재'라는 막연한 인재상의 확립이나 이에 대한 맹목적인 추종만으로 이루어지는 것이 아니다. 융합교육의 성공을 위해서는 융합교육의 의미와 목표, 방법과 전망에 대한 심도 있는 논의와 연구를 기반으로 하여야 한다. 또한 구

체적이고 실제적인 융합교육과정을 개발하고 이를 지도할 역
량을 갖춘 전문가를 길러내기 위한 연구와 실천이 꾸준히 이
루어져야 한다.

지금까지의 교육에서는 지식의 습득을 강조하면서 교사가
얼마나 많은 지식을 학생들에게 주입시킬 수 있는가가 교수
역량의 핵심이었다. 그래서 암기를 위한 다양한 노하우가 교
사의 전문성에서 가장 중요하였다. 그러나 미래에는 기억을
목적으로 하는 것이 아니라 지식과 관련된 전체 맥락을 이해
하고 이를 활용하는 방법을 가르치는 것이 교육전문가의 역
할이다.

지금까지 교육은 주어진 교육과정의 지식을 획일적으로 제
시하고, 가장 빨리 받아들이는 학생을 가장 뛰어난 학생으로

인정하였다. 그러나 이제 학생들이 스스로 자신이 배울 교육
과정을 만들고, 그 과정에서 학생들을 창의적으로 성장시킬
지적 동반자를 만들어야 한다. 학생들이 융합교육을 제대로
이해하는 교육자를 지적 동반자로 만났을 때 융합교육의 방
아쇠를 당기게 될 것이다. 교육자는 학생의 창의성을 북돋을
수 있는 중요한 롤 모델이며, 학생들은 교사를 모방하며 창
의성을 배우게 될 것이다.

※ 해당 항목에 체크해 주세요. 체크 항목이 도움 받은 경우나 가끔인
경우언제 주도적으로 하지 못했는지에 대해 구체적으로 적어주세요.
주도적으로 한 경우도 구체적인 사례를 적어주세요.

* 1. 도움 받아서 2. 가끔 3, 주도적으로

스스로 하기 역량	1	2	3
1. 나는 나의 강점과 약점을 안다.			
2. 자신에게 진실하며 정직하고 신뢰할 수 있다.			
3. 나는 나의 태도를 스스로 선택하고 결정한다.			
4. 나는 질문하고, 답하고, 자신 있게 참여한다.			
5. 나는 공부를 하다가 언제 휴식해야 하는지 안다.			
6. 내 스스로 학습 목표를 설명하고, 이를 달성하기 위해 공부하여 내 진도를 검토한다.			
7. 주간 계획을 세우고 필요하면 유연하게 대처하면서 내 시간을 효율적으로 계획한다.			
8. 학습을 준비하며 스스로 계획세우고 조직한다.			
9. 내 학습 필요와 시간에 가장 최선의 선택을 내린다.			
10. 나는 워크숍을 리드하고, 내 지식을 공유하는 방식으로 다른 사람들을 가르쳐 준다.			

11. 나는 내가 배려한다는 것, 그리고 내가 배려하고 존중하는 가치를 인식하고 있다.			
12. 나는 올바른 학습을 위해 적합한 공간, 적합한 장소, 적합한 시간과 적합한 방법을 선택한다.			
13. 나는 성공과 실패를 모두 인정하고 기념한다.			
14. 내 학습 필요에 맞는 워크숍을 예약한다.			
15. 내가 스스로 생각할 수 있는 계획을 활용하여 자신의 생각을 발전시킨다.			
16. 나는 막힐 때 계획과 의지를 활용해서 스스로 돕는다.			
17. 나는 내 소유물을 잘 정리하고, 학습을 위해 내 도구들을 준비하며, 공부나 작업이 끝나면 스스로 정리한다.			

스스로 하기 역량의 구체적인 사례 적기

스스로 하기 역량	구체적 사례
1. 나의 강점과 약점	
2. 자신에게 정직하며 신뢰하는 경우	
3. 나의 태도를 스스로 결정하는 경우	
4. 자신 있게 참여한 경우	
5. 공부 하다가 적절한 휴식 취한 경우	
6. 스스로 학습목표를 설명하고, 내 진도를 검토한 경우	
7. 주간 계획을 세우고 유연하게 대처하면서 효율적으로 계획한 경우	
8. 학습을 스스로 계획 조직한 경우	
9. 내 학습 필요와 시간에 가장 최선의 선택을 한 경우	
10. 워크숍에서 지식을 공유한 경우	
11. 내가 배려하고 존중하는 가치를 인식한 경우	

12. 올바른 학습을 위해 적합한 공간, 장소, 시간과 방법을 선택한 경우	
13. 성공과 실패를 모두 인정하고 기념한 경우	
14. 학습에 필요한 워크숍을 예약한 경우	
15. 스스로 계획을 활용하여 자신의 생각을 발전시킨 경우	
16. 계획이 막힐 때 의지를 활용해서 스스로 도와 해결한 경우	
17. 학습을 위해 적절한 도구들을 준비하고 스스로 정리한 경우	

* 1. 도움 받아서 2. 가끔 3, 주도적으로

연결하기 역량	1	2	3
1. 나는 학습을 지원하는 더 넓은 공동체를 탐구한다.			
2. 나는 다른 이들과 협력하고 접속하고 공유하기 위해 기기를 활용한다.			
3. 나는 내가 작업하고 난 후 처음과 똑같이 정리정돈을 하여 내 스스로와 다른 사람들을 존중한다.			
4. 적극적인 경청을 통해 존중을 표현한다.			
5. 다른 사람들을 선도하는 롤 모델이다.			
6. 나는 내가 하는 모든 활동에 적극적으로 참여한다.			
7. 나는 많은 다른 사람들과 협력한다.			
8. 나는 다른 사람들의 학습시간을 인식하고 이를 고려한 행동을 한다.			

9. 나는 타인을 있는 그대로 존중하고 모든 사람들을 포용한다.			
10. 나는 피드백을 주고, 받으며 피드백을 받으면 그것에 응답하고 활용한다.			
11. 나는 명확한 이해를 위해 질문을 하고 자신 있게 토론에 참여하고 기여할 수 있는 발언권이 있다.			
12. 내 발전사항과 학습을 멘토와 공유한다.			

연결하기 역량의 구체적인 사례 적기

연결하기 역량	구체적 사례
1. 학습을 지원하는 더 넓은 공동체를 탐구한 사례	
2. 다른 이들과 협력하고 공유하기 위한 기기 활용 사례	
3. 작업 전후에 정리정돈을 하여 다른 사람들을 존중한 사례	
4. 적극적인 경청을 통해 존중을 표현한 사례	
5. 다른 사람들을 선도하는 롤 모델이 되었던 사례	
6. 내가 하는 활동에 적극적으로 참여한 사례	
7. 많은 다른 사람들과 협력한 사례	
8. 다른 사람들의 학습시간을 인식하고 행동한 사례	

9. 타인을 있는 그대로 존중하고 포용한 사례	
10. 피드백을 주고, 받으면서 이를 활용한 사례	
11. 명확한 이해를 위해 질문하고 토론에 기여하는 발언을 한 사례	
12. 내 발전과 학습을 멘토와 공유한 사례	

* 1. 도움 받아서 2. 가끔 3, 주도적으로

회복탄성력 역량	1	2	3
1. 나는 회복탄력성이 있으며 어려운 일이 있을 때에도 끈기와 인내로 이겨낸다.			
2. 나는 성장의 마음가짐을 가지고 있으며, 긍정적으로 생각하고 어렵다고 생각하는 것을 피하지 않고 극복한다.			
3. 나는 필요할 때 도움을 청하고 컨퍼런스에 참가신청을 한다.			
4. 나는 더 빨리 나아가기 위해 속도를 늦출 줄 안다.			
5. 나는 배움을 위해 위험부담을 감수한다.			
6. 나는 사람이 없을 때도 옳은 행동을 한다.			

회복탄성력 역량의 구체적인 사례 적기

회복탄성력 역량	구체적 사례
1. 어려운 일이 있을 때끈기와 인내로 이겨내는 회복탄성력의 사례	

2. 성장을 위해 긍정적으로 생각하고 어려운 일을 극복한 사례	
3. 필요할 때 도움을 청하고 컨퍼런스에 참가한 사례	
4. 더 빨리 나아가기 위해 속도를 늦춘 사례	
5. 배움을 위해 위험부담을 감수한 사례	
6. 보는 사람이 없을 때 옳은 행동을 한 사례	

* 1. 도움 받아서 2. 가끔 3, 주도적으로

호기심 역량	1	2	3
1. 나는 내가 무엇에 흥미를 갖고 어떤 점이 나의 학습을 추진하는 동력인지 안다.			
2. 나는 주도적으로 질문과 연구를 통해 탐구하고 답을 찾는다.			
3. 나는 기꺼이 새로운 것을 탐구하고 시도할 용의가 있다. 호기심을 갖는다!			
4. 나는 질문을 한다.			
5. 나는 세상이 궁금하고 내가 공부하는 것들이 궁금하다.			

호기심 역량의 구체적인 사례 적기

호기심 역량	구체적 사례
1. 무엇에 흥미를 갖고 어떤 점이 자신의 학습을 추진 동력인가?	

2. 주도적인 질문과 연구를 통해 답을 찾은 사례	
3. 새로운 것을 탐구하고 시도하는 호기심을 가진 사례	
4. 질문을 한 사례	
5. 세상과 내가 하는 공부에 궁금증을 가지는 사례	

* 1. 도움 받아서 2. 가끔 3, 주도적으로

창의성 역량	1	2	3
1. 나는 독창적이다.			
2. 나는 위험을 감수하고 새로운 도전을 한다.			
3. 나는 틀을 벗어나 새로운 발상을 하려고 한다.			
4. 나는 다른 해결책에 열린 마음을 가지고 있다.			
5. 나는 경험을 통해 새로운 학습을 창조할 수 있다.			
6. 나는 내가 새롭게 배운 것을 공유하기 위해 새로운 것을 창조해 낼 수 있다.			

창의성 역량의 구체적인 사례기

스스로 하기 역량	구체적 사례
1. 독창적인 사례	
2. 위험을 감수하고 새로운 도전을 한 사례	
3. 틀을 벗어나 새로운 발상을 한 사례	
4. 열린 마음으로 다른 해결책을 받아들인 사례	
5. 경험을 통해 새로운 학습을 창조한 사례	
6. 새롭게 배운 것을 공유하고 새로운 것을 창조한 사례	

학생들이 융합교육을 제대로 이해하는 교육자를 지적 동반자로 만났을 때 융합교육의 방아쇠를 당기게 될 것이다. 교육자는 학생의 창의성을 북돋을 수 있는 중요한 롤 모델이며, 학생들은 교사를 모방하며 창의성을 배우게 되므로, 창의인성융합코칭 전문가들이 스스로 확산적 사고를 하고 독창적으로 문제를 해결하며 융통성을 나타낼 수 있는 수업전문성을 갖추어야 한다.

다양한 분야가 교류하는 교역지대는 특정 공간을 의미하는 것이 아니다. 시공간의 제약을 뛰어 넘어 온라인과 오프라인에서 시공간적, 물적, 인적 제한점을 극복하고 다양한 전문가들이 모여 융합적 사고를 발달시킬 수 있는 지원체제의 구축이 필요하다.

참고자료

강미자(1997). EQ와 수학의 학업성취도 및 EQ와 IQ의 상관성 연구. 경희대학교 교육대학원 석사학위 논문.
곽영순(2007). 수업 컨설팅 바로하기-PCK로 들여다 본 수업이야기, 원미사.
곽영순(2011). 초등 과학수업 실태 점검 및 개선 방안 연구. 한국지구과학학회, 32(4), 422-434.
교육과학기술부 (2010). 창의인재와 선진과학기술로 여는 미래 대한민국. 2011년 업무보고.
교육과학기술부 (2011). 인재 대국 진입으로 선진 인류국가 실현. 2012 업무보고서.
교육과학기술부(2011). 과학과 교육과정, 제2011-361호(별책 9).

김경섭 역 (2004). 성공하는 사람들의 7가지 습관, 서울: 김영사.

김선경, 민희정, 방은정, 백성혜(2011). 중학교 과학영재 담당교사의 PCK 요소의 특징과 관련성. 영재교육연구, 21(4), 801-828.

김선경, 백성혜(2011). 중학교 과학영재 담당교사의 수업전략 특징 분석, 한국과학교육학회지, 31(2), 295-313.

김성원, 정영란, 우애자, 이현주 (2012). 융합인재교육(STEAM)을 위한 이론적 모형 제안. 한국과학교육학회지, 32(2), 388-401.

김왕동(2011). 창의적 융합인재 양성을 위한 과제 : 과학기술과 예술 융합(STEAM). 과학기술정책연구원(STEPI Insight 제67호).

김왕동(2012). 창의적 융합인재에 관한 개념 틀 정립: 과학기술과 예술 융합 관점. 영재와 영재교육, 11(1), 97-119.

김진수(2011). STEAM 교육을 위한 피라미드 모형과 큐빅 모형, 한국현장과학교육학회 학술대회 심포지엄 주제발표.

노상우, 안동순(2012). 초등학교 융합인재교육(STEAM)의 발전 방향 모색. 교육종합연구, 10(3), 75-96.

레이코(2014). 변화하는 세계와 사회 혹의 과학. 2014 제3회 세계인문학포럼 발표자료집. 대전컨벤션센터.

박명철. (2013). 청소년 인터넷 중독의 접근 모델. 2013년 한국컴퓨터정보학회 동계학술대회 기조강연.

박수홍,정주영,류영호 (2008). 창의적 공학교육을 위한 캡스톤 디자인(Capstone Design) 교수활동지원모형 개발. 수산해양교육연구, 20(2), 184-200.

박순경(2008). 교사의 교육과정 전문성 관점에서 본 초등 교사의 담당 학년 배치에 관한 고찰. 교육과정연구, 26(1), 81-101.

박양병 (2006). 창의적이고 미래지향적인 산업공학

교육체계와 교과내용 개발. ie 매거진.

박종원(2004). 과학적 창의성 모델의 제안-인지적 측면을 중심으로-. 한국과학교육학회지, 24(2), 375-386.

백성혜(2012). STEAM 교육 실현을 위한 사범대학 교육과정 개발 연구 최종 결과 보고서. 한국창의재단

백윤수, 이준환, 김은태, 오경주, 박정선, 정지범 (2006). 대학 신입생 공학설계과목을 통한 창의성 교육의 성과. 공학교육연구, 9(2), 5-20.

성진숙 (2001). 과학에서의 창의적 문제 해결력에 영향을 미치는 제 변수 분석: 확산적 사고, 과학지식, 내외적 동기, 성격특성 및 가정환경. 이화여자대학교 대학원 박사학위 논문.

손연아, 정시인, 권슬기, 김희원, 김동렬(2012). STEAM 융합인재교육에 대한 예비교사와 현직교사의 인식 분석. 인문사회과학연구. 13(1), 255-284.

신영준, 한선관, 2011;초등학교 교사들의 융합인재교육(STEAM)에 대하 인식 연구, 초등과학교육, 30(4), 514-523.

안재홍, 권난주(2012). 융합인재교육(STEAM) 프로그램 개발과 적용 과정에서의 교사 인식과 현장 적용 가능성 탐색.

오헌석, 배형준, 김도연(2012). 과학기술분야 융합연구자의 융합연구 입문과 과정에 관한 연구. 아시아교육연구, 13(4), 297-335.

우종옥, 김승훈, 강심원(2000). 과학교육에서의 창의력 수업모형 개발. 창의력교육연구, 3(1), 1-28.

윤회정, 우애자(2011). 과학 창의성 신장을 위한 교수-학습 프로그램의 개발 및 적용. 학습자중심교과교육연구, 11(2), 115-138.

이선경, 황세영, 2012). 과학교육에서 융복합 교육에 대한 교사의 인식과 경험 탐색. 한국과학교육학회지, 32(5), 974-990.

이인식(2008). 지식의 대융합: 인문학과 과학기술은 어떻게

만나는가. 서울: 고즈윈.

이지원, 박혜정, 김중복(2013). 융합인재교육(STEAM)
연수를 통해 교수·학습 자료 개발 및 현장적용을 경험한
초등교사들의 인식조사. 초등과학교육, 32(1), 47-59.

이현휘(2014). 자연과학과 인문학의 미래지향적 만남의 길.
2014 제 3회 세계인문학포럼 발표자료집.
대전컨벤션센터.

이효녕(2011). 미국의 STEM 교육 동향 및 실태 분석을
바탕으로 국내 초·중등 STEAM 교육의 방향 제안.
한국과학창의재단.

이효녕, 손동일, 권혁수, 박경숙, 한인기, 정현일, 이성수,
오희진, 남정철, 오영재, 방성혜, 서보현(2012). 통합
STEAM 교육에 대한 중등 교사의 인식과 요구,
한국과학교육학회지, 32(1), 30-45.

임유나(2012). 통합 교육과정에 근거한
융합인재교육(STEAM)의 문제점과 개선 방향.
초등교육연구, 25(4), 53~80.

장경숙, 권점례 (2013). 미래교육을 위한 교사의 역량제고.
2020 한국 초중등 교육의 향방과 과제- 교육과정,
교수학습, 교육평가, 151-163, 교육과정평가원.

전주성, 김소영(2011). 대학부설 평생교육원 프로그램의
효과성 측정을 위한 평가모델의 타당성
검증-Kirkpatrick의 교육훈련 프로그램 평가모델의
응용-. 교육과학연구, 42(1), 125-150.

정진현 (2012). 캡스톤 디자인(Capstone Design)에 기초한
초등의 창의적 공학기술 교육 프로그램 가발과 적용
효과에 관한 연구. 한국실과교육학회지, 25(4),
pp.195-215.

조연순, 성진숙, 채제숙, 구성혜(2000). 창의적 문제해결력
신장을 위한 초등과학교육과정 개발 및 적용.
한국과학교육학회지, 20(2), 307-328.

최상덕, 김진영, 반상진, 이강주, 이수정, 최현영 (2011).
21세기 창의적 인재 양성을 위한 교육의 미래전략 연구,

한국교육개발원 연구보고 RR 2011-01.
최정훈(2011). 미래 과학교육의 혁신: 융합을 기반으로 하는 STEAM 교육. 위즈덤교육포럼.
한국정보화진흥원 (2010). 스마트 시대의 패러다임 변화 전망과 ICT 전략.
한병기, 지해성 (2006). 공학교육에서의 디자인 및 창의적 설계교육, 공학교육연구, 9(4), 19-27.
홍성욱(2008). 홍성욱의 과학에세이: 과학, 인간과 사회를 말하다. 서울: 동아시아.
홍성욱, 박상욱, 박형욱, 변학문, 임종태, 2012; 융합이란 무엇인가: 융합의 과거에서 미래를 성찰한다.
서울:사이언스북스 나정은 (2011). 창의적 공학교육 프로그램을 위한 새로운 접근. 공학교육, 18(6), 41-46.
Amabile, T. M. (1988). A model of creativity and innovation in organizations. In B. M. Staw & L. L. Cummings (Eds.), Research in Organizational Behavior, 10.
Amabile, T. M.(1989). Growing up creative: Nurturing of creativity, Buffalo, NY: CEF Press.
Amabile, T. M.(1996). Creativity in Context, Colorado: Westview Press, Inc.
Barab, S. A. (2006). Design-Based Research. In Sawyer, R. K.(eds.), The Cambridge handbook of the learning sciences. Cambridge University Press.
Barab, S. A., & Squire, K. (2004). Design-based research: Putting a stake in the ground. The Journal of the Learning Sciences, 13(1), 1-14.
Barab, S. A., Makinster, J. G., & Scheckler, R. (2003). Designing system dualities: Characterizing a web-supported teacher professional development community. Information Society, 19(3), pp. 237-256.
Bryan L.A.(2014) Building Synergistic Collaborations across Disciplinary Boundaries in STEM Education,

2014 KASE INTERNATIONAL CONFERENCE, FEBRUARY 13-15, 26

Buechley, L. (2006). A Construction Kit for Electronic Textiles. In Proceedings of IEEE International Symposium on Wearable Computers (ISWC), Montreux, Switzerland, October 2006. Winner of best paper award.

Buechley, L. and Eisenberg, M. (2007) Boda Blocks: A Collaborative Tool for Exploring Tangible Three-Dimensional Cellular Automata. In Proceedings of Computer Supported Collaborative Learning (CSCL), Rutgers, NJ, USA, July 2007.

Buechley, L., & Eisenberg, M. (2009). Fabric PCBs, electronic sequins, and socket buttons: techniques for e-textile craft. Pers Ubiquit Comput, 13(2), 133-150.

Buechley, L., Eisenberg, M., Catchen, J., & Crockett, A. (2008). The Lilypad Arduino: Using computational textiles to investigate engagement, aesthetics, and diversity in computer science education. In Proceedings of the SIGCHI conference on Human factors in computing system(CHI), Florence, Italy, April 2008, 423-432.

Campbell, J., & Willis, J. (1978). Modifying components of creative behavior in the natural environment. Behavior Modification, 2(4), 549-564.

Chand, I. & Runco, M. A. (1992). Problem finding skills as components int the creative process. Personallity and Individual Differences, 14, 155-162.

Chinn, C. A. & Malhotra B. A. (2002). Epistemologically authentic inquiry in schools: A theoretical framework for evaluating inquiry tasks. Science Education, 86, 175-218.

Csikszentmihalyi, M. (1999). Implications of a systems perspective for the study of creativity, New York: Cambridge University Press.

Damasio, Antonio R.(1994), Decartes' Error: Emotion, Reason, and the Human Brain, New York: Quill.

David Mellis, Sam Jacoby, Leah Buechley, Hannah Perner-Wilson, Jie Qi.(2013). "Microcontrollers as Material: Crafting Circuits with Paper, Conductive Ink, Electronic Components, and an 'Untoolkit'" (forthcoming), TEI 2013.

Epstein, R. (1990). Generativity theory and creativity. In M. A. Runco & R. S. Albert (Eds.), Theories of creativity, 116-140. Newbury Park, CA: Sage Publications.

Feldhusen, J. F. & Treffinger, D. J. (1985). Creative Thinking and Problem Solving In Gifted Education (3rd Ed.). Dubuque, IA: Kendall/Hunt Publishing Co.

Florida, R.(2005). Cities and the creative class. new York: Routledge.

Gardner, H.(2006). Five minds for the Future, Harvard Business School Press.

George, J.M. & Brief, A.P.(1996). Motivational agendas in the workplace: The effects of feelings on focus of attention and work motivation. In B.M. Staw and L.L. Cummings (Eds), Research in organizational behavior, Vol. 18. Greenwich, CT: JAI Press, pp. 75-109.

Glover, J., & Gray, A. L.(1976). Procedures to increase some aspects of creativity. Journal of Applied Behavior Analysis, 9, 79-84.

Glover, K., & Gary, A. L. (1976). Procedures to increase some aspects of creativity.

Goodwin FK, Jamison KR(1990). Manic-Depressive Illness. Oxford University Press, New Work.

Granger, R. C., & Hamilton, C. (2010). Re-spatializing the creative industries: a relational examination of underground scenes, and professional and organizational lock-in. Creative Industries Journal, 3(1), 47-60.

Greeno J. G. (2006). Learning in activity. In Sawyer, R. K.(eds.) The Cambridge handbook of learning science, NY: Cambridge University Press.

Guilford, J. P. (1950). Creativity. American Psychologist, 5, 444-454.

Guilford, J. P. (1967). The nature of Human Intelligence. NY: McGraw-Hill.

http://www.ero.govt.nz/assets/Uploads/Leading-InnovativE -Learning-in -Schools-2018.pdf (뉴질랜드 ERO(Education Review Office Report

Kahneman, Daniel (2011) Thinking, Fast and Slow, New York: Allen Lane.

Kahneman, Daniel, Slovic, Paul, and Tversky, Amos(1982). Judgment Under Uncertainty: Heuristics and Biases, Cambridge: Cambridge University Press.

Lawson, A. E. (2001). Promoting Creative and Critical Thinking Skills in College Biology. Critical Thinking Skills, 27(1), 13-24.

Liu, X. (2014). Teacher Professional Development on Interdisciplinary Science Inquiry. 2014 KASE International Conference, Febrary 13-15, pp. 25..

Lovell, E. & Buechley L. (2011). LilyPond: An Online Community for Sharing E-Textile Projects. In Creativity and Cognition 2011.

Lubart, T. I. (1994). Creativity. In Sternberg, R. J (ed), Thinking and Problem Solving, Academic Press.

MacKinnon, D. W. (1962). The nature and nurture of creative talent. American Psychologist, 17, 484-495.

Mayer, R. E. (1999). Problem Solving. In Runco, M. A. and Pritzker, S. R. (ed), Encyclopedia of creativity, Academic Press, 2, 29-300.

Mellis, D., Gordon, D. and Buechley, L. (2011). Fab FM: the Design, Making, and Modification of an Open-Source Electronic Product In Proceedings of the Fifth International Conference on Tangible, Embedded, and Embodied interaction (Funchal, Portugal, January 23 ? 26, 2011). TEI '11. ACM, New York, NY.

Moran, J. D., & Liou, E. Y. Y. (1982). Effects of reward on creativity in college students of two levels of ability. Perceptual and Motor Skills, 54, 43-48.

Newell A., Shaw, J., and Simon, H. (1962). The processes of creative thinking. In Gruber, H., Terrell, G., and Wertheimer, M., (ed), Contemporary Approaches to Creative Thinking, 63-119.

Phillips, J. J. (1995). Return on investment-Beyond the four levels. In E. Holton (Ed.), Academy of human Resource Development(AHRD) Conference Proceedings.

Runco, M. A. (1991). metaphors and creative thinking. [Comment] Creativity Research Journal, 4, 85-86.

Runco, M. A. (1999). The fourth-grade slump, In M. A. RCunco * S. Pritzker (eds.), Encyclopedia of creativity(pp. 743-744). San Diego, CA: Academic Press.

Runco, M. A. (2004). Creativity. Annual Review of Psychology, 55, 657-687

Runco, M. A.(Ed.).(1994). Problem finding, problem solving, and creativity, 40-76. Norwood, NI: Ablex.

Runco. M. A., & Chand, I.(1995). Cognition and creativity. Educational Psychology Review, 7, 243-267.

Sandoval, W. A.(2003). "Conceptual and epistemic aspects of students' scientific explanations", Journal of the Learning Science, 12, 5-51.

Sternberg, G. J. & Davidson, J. E.(eds.)(1995). The nature of insight, London: MIT Press.

The Royal swedish academy of sciences (2013). http://www.kva.se/Documents/ Priser/ Nobel/ 2013/ kemi/ rattigheter/sciback_ke_13.pdf (2014. 2. 10 검색일)

Urban, K. K. (1995). Creativity-A component approach model. A paper presented at the 11th World Conference on the Education for the Gifted and Talented, Hong Kong: July 31-August 4.

Ward, W. C., Kogan, N., & Packove, E. (1972). Incentive effects in children's creativity. Child Development, 43, 669-676.

Wilson, E. (1998). Consilience: The Unity of Knowledge, New York: Cambridge Univ. Press. [(최재천, 장대익 역), 지식의 대통합: 통섭, 서울: 사이언스북스.]

Wilson, M(2005). Constructing measures: An item response modeling approach. Mahwah, NJ: Lawrence Erlbaum Associates.

Windschitl, P. D., Conybeare, D., & Krizan, A. (2008). Direct-comparison judgments: when and why above-and below-average effects reverse. Journal of experimental psychology. Genrel, 138(1), 182-200.

Woitaszewski, S. A. & Aalsma, M. C. (2004). 'The contribution of emotional intelligence to the social and academic success of gifted adolescents as measured by the multifactor emotional intellignece scale-Adolescent version', Roeper Review, 27(1), 25-30.

II. 창의교육의 실제

**Practice
of
Creativity
Convergence
Education**

Ⅱ. 창의융합교육의 실제

1. 태아심리와 창의인성교육

인간의 오감(五感: five senses)의 시작이 언제부터인가를 선택하는 것은 창의인성교육의 시점을 결정하는 것이 된다. 또한 인간이 자신의 감정과 정서에 대해 반응하는 시기가 언제인가는 인간의 창의적 교육을 언제부터 시작해야 하는가의 기준점이 된다. 필자는 난자와 정자가 수정되는 순간부터 인간의 창의인성교육을 시작해야한다고 본다. 필자는 한 층 더 나아가서 부모가 되는 남자와 여자의 유전적인 측면과 임신하기 전에 삶의 태도와 식생활 즉, 일상적인 삶의 건전성과 긍정적인 삶의 태도, 그리고 행복과 감사의 삶에 태도 등이 난자와 정자에 영향을 준다고 생각한다. 필자는 이러한 전체적인 맥락에서 *태아심리와 창의인성교육*의 상호적 관계를 주장한다. 태아심리는 김상인 교수가 2002년 심리학 강의를 하면서 처음 개념정리 한 용어이다.

1) 태아심리

　태아란 임신 초기부터 출생 시까지의 임신된 인격체를 의미한다. 수정 후 2주 후부터 8주(임신 10주)까지는 배아(embryo), 수정 8주(임신 10주) 이후부터 출생 때가지를 태아(fetus)로 구별한다. 이 태아의 시작은 태아의 심리의 시작으로 보는 것이다.

<그림> 1 배아 (embryo:胚芽)

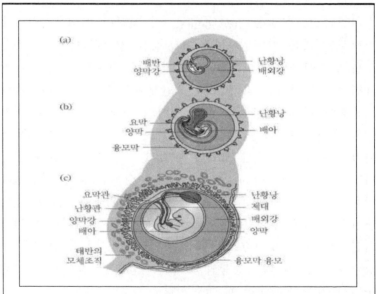

a. 영향세포증이 자궁내막을 뚫고 들어가면 양막강이 형성됨
b. 양막과 난황낭이 나타나고 배반이 분화됨
c. 5-6주에 사람의 형태가 형성되고 제대가 생김

수정이 일어나 정자와 난자가 합쳐진 것을 접합체(zygote)라고 한다. 이 접합체는 세포분열을 통해 여러 개의 세포가 되고, 이 세포들은 세포분열과 분화를 거쳐 배아(embryo)를 형성한다. 그리고 배아는 임신 기간을 거치면서 하나의 개체로 발생하게 된다(그림 1과 내용, 2019년 1월 1일, 네이버 지식백과 배아/두산백과 인용).

태아(fetus)란 임신 초기부터 출생 시까지의 임신된 개체를 의미한다. 이 시기에 태아는 어머니와의 교감과 외부의 자극에 반응을 한다. 따라서 김상인 교수는 이 시기를 심리학적으로 "태아심리(fetus psychology)"라고 규정한 것이다. 1931년 심리학자 홀트(Holt)는 태아 때의 자극이 신생아에게 영향을 줄 수 있다고 했고, 역시 심리학자인 데카스퍼는 1980년에 신생아가 다른 사람들의 목소리보다 엄마나 아빠의 음성에 더욱 안정감 있게 젖을 빨거나 조용해지는 것을 발견했다. 이는 태아가 이미 태중에서 엄마 아빠의 음성을 인지한다는 의미이다.

데카스퍼는 16명의 산모를 대상으로 임신 마지막 6주 동안 날마다 간단한 동화책 한 권을 하루 2번씩 소리 내어 읽게 했다. 그 시간을 모두 합치면 평균 5시간이다. 이렇게 태내에서 엄마가 읽어주는 동화를 들었던 신생아들은 다른 동화책을 읽어주면 별 반응이 없다가도 태중에서 들었던 동화에 대해서는 바로 반응한다는 사실을 발견했다. 1980년 심리학자인 린드는 태중에서의 경험이 태어난 다음에 어떤 영향을 끼치는지에 대한 임상연구를 하였다.

1) 사례 1

한 오케스트라 지휘자는 이상하게도 어떤 한 곡에 특별히 애착이 갔는데, 어머니와 대화하던 중 자신이 태중에 있을 때 그의 어머니가 매우 규칙적으로 그 음악을 들었음을 알게 되었다. 그러나 그가 태어난 후에도 그 음악을 여러 번 들었는지 여부는 알 길이 없어 태내에서만의 영향인지 생후의 영향도 같이 있는지의 구분은 확실치 않다.

2) 사례 2

엄마가 임신 중에 바하의 음악 한 곡을 하루에 한 번씩은 꼭 들었는데, 아기가 태어난 후 7살이 되도록 그 음악을 듣지 않았다. 그런데 어느 날 우연히 그 음악을 다시 들은 아이가 듣자마자 아주 좋아하더니 그 후 일생 그 음악을 애호하게 되었다고 한다.

이러한 예들은 사실 과학성이 결여되어 있는 것은 사실이다. 따라서 섣불리 결론을 내리기는 어렵지만 태중에서의 자극 여부가 출생 후 아기에게 미치는 영향이 크다는 점은 인정되고 있다(네이버 지식백과, 태아의 정신발달-엄마 뱃속에서 경험이 출생 후에 미치는 영향; 차병원 임신정보 인용). 중요한 것은 현대 의학적인 장비로 태아가 엄마의 심장 박동, 잔소리 등의 태내 소리와 외부소리에 반응한다는 것이다. 즉, 안정된 소리 불안정한 소리, 규칙적이고 반복되는 태내외의 소리에 적응하고 반응한다는 점이다. 따라서 이러한 과학적인 증거들은 필자가 주장하는 태아심리의 중요한 출발점이 된다.

2) 태아심리와 인성

최초의 인성교육은 엄마의 태중에서 시작된다. 인성과 심성이 엄마의 자궁에서 결정된다면 태아환경이 중요하다. 태아의 환경은 엄마자신이며, 엄마에게 영향을 줄 수 있는 아빠를 비롯하여 주변에 의미 있는 타인들을 포함하게 된다. 현대과학은 태아가 엄마 자궁 안에서 느끼고, 기억한다는 것을 인정했다.

1994년 Harvard University의 Herrnstein과 Murray는 *The Bell Curve*에서 인간의 지능지수, 즉 IQ가 유전된다고 주장했다. 1998년 Pittsburg State University의 합동연구진은 "인간지능의 유전자는 사람의 IQ를 결정하는데 48%의 역할 뿐이고 자궁 내 환경이 지능지수 53%를 결정한다."고 발표하였다. 그러나 1998년 세계적인 과학전문 잡지인 *Nature* 에서는 이러한 주장을 반박하는 논문을 발표하였다

(박문일, 2001). 이러한 논의들은 1960년대 이후 의료기술의 급격한 발달로 인해 태아를 엄마의 자궁 안에 있는 상태에서 연구할 수 있게 되면서 부터 구체화 되었다. 태아는 자궁 안에서 보고, 듣고, 느끼고 더 나아가서 엄마의 생각과 감정까지도 읽을 수 있다.

임신 4개월−8개월 중 태아심리

임신 4개월이 되면 청각과 미각이 발달하며 엄마의 감정이 전이된다. 6개월이 되면 외부의 소리에 반응을 하며, 7개월이 되면 엄마의 감정이 구체적으로 전달된다. 8개월이 되면 초인종 소리를 들을 정도로 청각이 발달 된다(Thomas, 1981). 이와 같이 어머니 자궁 안에 있는 태아는 유전적인 것은 물론 외부 환경적인 요인(어머니의 감정, 주변의 소리, 기타 상황과 환경)에 영향을 받는다.

태중에 있는 10개월 동안의 태아심리는 인성교육의 근본이 된다(Thomas, 1981). 태아심리 형성과정은 인성형성에 절대적인 영향을 주게 된다. 필자는 이러한 부분을 '태아심리'라고 명명한다. 태아심리는 '정자가 난자를 만나서 수정되는 순간부터 어머니의 모태에 있는 보통 10개월의 기간 동안에 엄마의 정서적 감정과 엄마 주변에서 일어나는 외부환경을 통해서 형성되는 태아의 심리를 의미한다. 따라서 인성

교육이 엄마의 태중에서부터 시작되어야 정서적 안정은 물론
정신적·신체적 건강을 보장 받는다.

 3) 태교와 인성

 서양에서 태아난 아기가 1살이 아니고 0살인 것은 태어나
면서 부터 인생시작이라는 의미이고 동양에서 1살인 것은 태
중 10개월 동안 인격과 품성에 대한 기본 교육을 받은 상태
로 보기 때문이다. 20세기 전까지만 해도 이와 같은 기조는
그대로 유지됐었으나 이후 서양에서도 태교의 중요성이 강조
되기 시작해 지금은 동양보다 오히려 더 관심을 가지고 있
다. 사람의 지능을 결정 하는 데에는 유전자 못지않게 출생
전 태내 환경이 중요하다는 것을 깨달은 때문이다.
 자궁속의 태아는 탯줄을 통해 엄마의 사고나 행동을 그대
로 이어 받는다. 만약 임신부가 정신적 육체적으로 스트레스
를 받으면 대뇌에 있는 시상하부를 자극시켜 자율신경의 교
감신경을 흥분시키고 동시에 내분비 계통에 신호가 보내져
신경 호르몬의 분비가 촉진된다. 이것이 혈액 속으로 흘러
들어 엄마 몸뿐만 아니라 태아 몸에도 화학반응을 일으키는
데 만약 강렬하고 연속적인 충격이 이어지면 태아의 정상적
인 생물학적 리듬을 바꾸어 놓는다는 것이다. 뇌태교도 마찬
가지다. 태교의 핵심이라고 할 수 있는 뇌태교 역시 태아 뇌

의 발달을 태교를 통해 유도하고 건강한 아기를 출산하기 위
한 것이다. 건강한 태교는 건강한 인성을 보장한다.

4) 태아심리와 뇌 발달

태아의 건강과 두뇌발달은 산모 뱃속에서부터 시작된다.
태교가 중요한 것은 새삼 강조할 필요가 없다. 고전에도 태
교의 중요성을 강조한 대목이 많이 있다.1) 뇌는 수백만 개
의 신경세포로 구성돼 있다. 각각의 신경세포는 뇌에 전달되
는 메시지를 기억했다가 다음번에 같은 자극이 오면 웃거나

---

1) 고려 충신 정몽주의 모친 이씨 부인의 태중훈문은 "여자가 아기를 가지면
옛 성인들의 가르침과 지나간 행적을 더듬고 그에 관한 책을 읽으며 이를 선
망하고 항상 사모해 자신도 그와 같은 성인군자를 낳기를 소원하며 마음으로
부터 일반 사람이 하기 힘든 일을 해야 한다"고 적고 있다. 허준은 동의보감
에서 "수태 중에 어머니가 화를 내면 태아의 피가 병든다. 어머니가 두려워하
면 태아의 정신이 병들고 근심하면 기운이 병든다. 또 크게 놀라면 태아가 간
질을 갖게 된다." 고 했으며 송시열은 계녀서에서 "임신했을 때는 잡된 음식
을 먹지 말고 기울어진 자리에 앉지 말고 몸을 단정히 가지면 자식을 낳으매
자연히 단정해진다." 태어나기 전 배운다. 이율곡은 성학집요에서 "임신을
하면 옆으로 눕지 않고 비스듬히 앉지 않으며 한 발로 일어지도 않고 부정한
맛이 나는 음식은 먹지 않았다. 자른 것은 반듯하지 아니하면 먹지 않으며 자
리가 바르지 않으면 앉지 않는다."고 설파했다. 태교의 시초는 중국. 중국은
이미 3000여년전 '열녀전' 이나 '소학'을 통해 태교의 중요성을 강조했다.
일본도 애도시대 '증초'라는 한의서를 통해 태교를 주장 했으며 노벨수상자
의 30%를 차지한다는 유태인들도 오래전에 태교를 실천해 왔다. 그러나 서양
은 근세에 와서 태교를 인식하기 시작했다.

찡그리거나 화를 내는 등 감각신경 정보를 배운다. 이 반응이 얼마나 빠르고 정확한가에 따라 지능지수가 결정된다. 좀 둔한 사람은 정보에 대한 반응이 늦고 현명한 사람은 정보에 즉각적인 반응을 보인다. 태아의 뇌 유전자에는 가깝게는 부모로부터 멀게는 까마득히 먼 선조의 기억들을 대물림하고 있다.

우뇌는 3만년 분의 기억을 저장하고 좌뇌는 1백년간의 순간을 기억해낸다고 한다. 뇌태교는 바로 이 기억들을 상기시키는 과정이다. 이 기억은 부모 즉 산모의 태교를 통해 하나씩 열려진다. 그러면 뇌태교는 어떻게 하는가. 방법은 아주 쉽다. 좋은 공기를 마셔 후신경을 자극하고 책을 많이 봐 시신경을 좋게 하며 전자파 노출과 바이러스 감염을 조심해 동안신경을 최상의 조건으로 만든다. 기형아 검사를 통해 활차신경을 새롭게 하고 좋은 음식으로 삼차신경을 강화하며 다치지 않게 주의해 외전신경을 보호한다.

5) 태아심리와 냄새(후각)

태아의 뇌는 17주면 완성되는데 이때 자궁 안에서 느꼈던 냄새를 태아는 기억한다. 분만 때에 양수를 채취한 뒤 이를 양쪽 젖꼭지에 묻히고 어떤 젖꼭지를 찾는지 태아에게 실험한 결과 80% 가까이가 양수를 묻힌 젖꼭지를 물었다고 한다. 임신 중에는 좋은 공기를 마시는 것이 좋다. 다음은 시각. 태아의 시각은 임신8주에 시작해 27주에 완성된다. 임신 7개월 후의 태아는 외부의 빛에 움직인다. 자신의 시각뿐만 아니라 산모가 느끼는 시각까지 간접 체험한다. 임신부 앞에 갑자기 불빛을 환하게 하는 것은 태아에 해롭다. 배를 가리고 가벼운 나들이를 하는 것이 좋다.

6) 태아심리와 맛(미각)

미각은 임신 12주에 완성된다. 임신 34주가 되면 양수에 섞인 맛있는 것과 그렇지 않은 것을 구별할 줄 안다. 산모에게 포도당을 투여한 결과 태아의 심장박동수가 크게 증가하는 것은 산모의 혈액을 통해 포도당의 맛을 느끼기 때문이다. 따라서 신 음식이 당긴다고 한 가지 음식만을 고집해서는 안 된다. 짠맛 신맛 떫은맛 등 다양한 맛을 태아에게 알려주는 것이 좋다. 이러한 엄마의 자궁의 환경은 아이의 인성교육에 기본을 놓는 것이 된다. 따라서 올바른 태교는 인성의 근본이다(김상인, 2014, 재인용).

인성이란 "타인과 구분되는 독특한 심리적 행동양식으로서 타인의 언행에 대해 배려하는 공감능력과 소통하는 태도로 사회적 상호작용에 대해 책임성 있게 실천하는 역량과 시민의식과 공동체의식 함양"으로 정의한다. 인성교육의 실천 사례로는 "감사 나눔, 칭찬하기, 인사하기, 고운 말, 바른 말하기, 편지쓰기, 악수하기, 안아주기(hug), 밥상머리교육, 이야기 5분 들어주기, 함께 식사하기, 하루 3명에게 감사 문자보내기, 봉사활동" 등이 있다. 인성교육진흥법 제2조(정의) 법에서 제시하는 "인성교육"이란 자신의 내면을 바르고 건전하게 가꾸고 타인·공동체·자연과 더불어 살아가는 데 필요한 인간다운 성품과 역량을 기르는 것을 목적으로 하는 교육을 말한다. 또한 「인성교육진흥법」 제2조 (정의). 인성교육의 제5조(인성교육의 기본방향)에서는 ① 인성교육은 가정 및 학교와 사회에서 모두 장려되어야 한다. ② 인성교육은 인간의 전인적 발달을 고려하면서 장기적 차원에서 계획되고 실시되어야 한다. ③ 인성교육은 학교와 가정, 지역사회의 참여와 연대 하에 다양한 사회적 기반을 활용하여 전국적으로 실시되어야 한다. 라고 규정하고 있다. 그리고 "핵심역량" 이란 핵심 가치·덕목을 적극적이고 능동적으로 실천 또는 실행하는 데 필요한 지식과 공감·소통하는 의사소통능력이나 갈등해결능력 등이 통합된 능력을 말한다.

2. 여가활동·쉼과 창의교육

여가활동(餘暇活動; leisure activity)은 규칙적인 일상적인 활동 과 사회활동 시간 중 남는 시간에 스스로 즐거움을 얻기 위해 하는 자유로운 활동이다. 이는 일하고, 먹고, 자고, 숙제하고, 집안일을 하는 데 쓰는 시간 이외에 일이 없어 남는 시간에 하고 싶은 것을 하는 것이다. 즉, 운동, 영화감상, TV시청, 여행, 봉사활동 등이다. 다양한 여가활동은 몸과 마음에 활력을 찾아 주고 주변사람과의 관계 형성에 도움이 된다(학습용어 개념사전, 여가활동, 2010).

여가의 영어식 표현은 레저(leisure)이다. 이 단어는 처음에는 규칙적인 일에서 해방되었다는 뜻이었다. 그러나 최근에는 여가 단어 개념에서 레저의 단어의미로 넘어가면서 단순한 시간적인 개념에서의 활동이 아니라 즐기기 위해 행해지는 활동까지 포함하고 있다. 여가는 정기적인 일이나 노동에 대칭되는 것으로 일과 노동을 위한 에너지 재충전을 위한 목적이 있다. 최첨단 산업기술 혁신이 산업현장에 들어오면서 육체적인 노력의 필요성이 감소되고 작업의 흐름에서 단순작업을 반복되었다. 이에 결과는 정신성 긴장과 소외되는 인간성 현상이 나타나게 되었고, 이런 상황에 대처하고 인간다움의 회복을 위해 여가활동을 하게 된다는 것에 본질적 의미를 갖게 되었다. 따라서 인간의 노동과 여가활동을 분리해서 대립적인 관계로 볼 것이 아니라 상호관계, 조화관계로

접근해야만 한다(체육학대사전, 여가활동, 2000. 2. 25. 민중
서관). 여가활동과 레저 활동을 포함하고 있는 또 다른 단어
는 "레크리에이션(recreation)이다. 레크리에이션의 영어단어
의미가 말해 주듯이 재창조이다. 따라서 여가활동은 재창조
즉, 창의성과 깊게 관련되어 있다. 다시 말해서 적절한 여가
활동은 창의성 사고와 생각, 정서를 재충전, 재창조하는 정신
적 자원이 되는 것이다.

1) 여가·레크리에이션(餘暇·; leisure and recreation)의 이해

레크리에이션이라는 용어는 '신선하다' 또는 '재충전하다'라
는 의미의 라틴어 'Recrestio'에서 온 단어이다. 전통적으로
레크리에이션은 산뜻하고 차분하면서 자발적으로 선택한 행
동을 의미했다. 레크리에이션은 그리스시대에 높은 진리를
추구하는 명상(contemplation)이라는 의미로 통용되었다. 그
러나 일반적으로는 잉여시간, 레크리에이션, 휴양, 스포츠,
즐거움, 오락 등의 다양한 개념들을 포함하고 있다. 여가활동
레크리에이션의 개념은 나라와 학자 마다 다소 차이는 있으
나 대체적으로 '규칙적인 일(노동)에서 벗어난 자유로운 시
간'과 '자유 시간에 행해지는 자발적인 활동', 그리고 '자유로
운 마음 상태' 등으로 정의하는데 이의가 없다. 또한 좀 심오
한 의미는 '삶을 위한 필수시간과 노동시간을 제외한 개인의

자유롭게 선택한 활동에서 기쁨과 만족감, 더 나아가서 자아
실현을 경험하는 것으로 정의될 수 있다.

　여가에 대한 과학적 연구는 미국에서 시작되었다. 여가를 주
제로 한 최초의 전문서적은 1890년에 제이콥 어거스트 리스
(Jacob August Riis; 1848-1914)가 저술한 How the Other
Half Lives와 1899년에 출간 된 소스타인 베블런(Thorstein
Veblen)의 The Theory of Leisure Class를 들 수 있다. 아동
의 놀이와 놀이터를 주제로 한 최초의 연구는 1890년대
Joseph Lee의 연구로서 놀이터 운영을 위한 프로그램, 지도 방
법 등을 다룬 연구논문이 있다. 학술지는 1899년 Monroe가
American Physical Education Review라는 학술지에 기고한 논
문이다.　있으며 이후의 대부분의 놀이, 여가의 연구 등은
AAHPER(American Association for Health, Physical Education,
and Recreation)에서 발행하는 Research Quarterly와 Journal
of Health, Physical Education and Recreation에 많이 소개되
고 있다(Burdge&Hendricks, 1973).

　크랜들(Crandall)과 류코(Lewko)는 1976년 당시 미국에 있
는 371명의 여가학자들을 대상으로, 연구주제에 대한 여론조사
를 했다. 연구결과는 64%의 응답자들이 '일반적인 여가행동'에
대해 가장 관심을 가지고 연구 했다. 이 연구는 역사적인 문제
(10.2%), 야외 레크리에이션(8.1%), 여가 사회학(7.8%), 행정·
기획·관리(7.3%), 그리고 스포츠 게임(7.0%), 여가의 가치 및
태도(7.0%), 그리고 여가 심리학(7.0%) 등이 활발하게 연구되
었다. 이밖에 노인문제, 일과 여가, 장애인 여가, 가족 여가활

동, 놀이 행동, 문화와 예술, 상업 레크리에이션, 관광 등과 관련한 몇 가지 연구로 진행되었다. 따라서 미래의 여가연구 주제로는 여가행동의 선행요인(antecedents)과 결과(consequences)가 26%로 높았고, 다음은 자원기획, 관리 및 여가서비스의 공급 문제(11.1%), 연구 방법 및 측정 평가(10%) 등의 순으로 나타났다. 이러한 연구 현상들은 현대인들에게 여가활동의 중요성을 시사하고 있는 것이다.

2) 각국의 레크리에이션

가. 미국

미국은 1930년대 이후 경제 불황으로 인해 청소년 일탈 및 범죄의 증가 등 사회문제가 크게 대두되었다. 따라서 미국은 이 문제점의 해결방안으로 빈민계층의 어린이들의 건전한 인격형성과 여가선용을 위한 지역사회활동으로서 레크리에이션을 활용하기 시작하였다. 이 활동은 근로자들의 정서적인 서비스와 생산성 향상에도 활용되었다. 미국 연방정부(Federal Government)와 50개 주(states)에는 여가지도와 레크리에이션을 직무로 하는 공원행정 관리부서(Department of Parks and Recreation, Department of natural Resources)를 운영했다. 뿐만 아니라 도시를 계획할 때에는 반드시 그 도시면적의 25~30%는 지역사회의 주민들을 위한 공원시설이 만들어지도록 규정되었다. 이곳에 시설과 조직을 해주고 레크리에이션 지도자를 두어 휴식, 오락, 산책, 체육 등을 즐길 수 있도록 지도하고 있다. 또한 대학에서는 학생들을 위해 레크리에이션 전문가를 두어 캠퍼스 프로그램으로 상담, 여행안내, 봉사, 문화예술행사, 교내 경기, 축제, 취미 지도, 바자회 등의 활동을 주도하였다.

나. 독일

독일은 제1·2차 세계대전 당시 불안과 공포를 해소하는 방법의 일환으로 종교와 레크리에이션의 효과를 극대화시켰다. 이를 시작으로 현재도 학교, 기업, 병원, 교육 등의 현장에서 레크리에이션이 잘 활용되고 있다.

다. 영국

영국은 1925년 국립놀이협회(National Playing Association)와 1935년 레크리에이션 중앙위원회(The Central Council of Physical Recreation)를 결성하여 아동과 청소년들을 위

한 각종 놀이장, 운동시설, 야영장 등 여가시설 설치와 여가교육에 투자했다. 한편 50여 개 대학과 기술학교에서 전문지도자를 양성하고 있으며, 흥미로운 것은 국회의원 출마 시 레크리에이션적인 '유머'를 하나의 자격으로 요구하고 있다.

라. 일본

일본은 대기업체마다 레저 책임자가 있어 사원들의 정신적, 신체적 후생복지를 증진시키고자 하고 있다. 또한 시(市)에는 여가과가 있어 전용 스포츠공원에서 스포츠를 지도하고, 레크리에이션 교실을 운영하여 가족캠프, 산나물 캐기, 트래킹, 오리엔티어링, 하이킹 등을 통하여 건강 증진과 즐거운 여가생활을 할 수 있도록 하고 있다. 그리고 일본체육대학, 오사카체육대학, 리꾜대학 등 10여 개의 체육대학 내에 레크리에이션 학과가 개설되어 전문가를 양성하고 있다.

마. 우리나라

우리나라에서는 1980년대부터 각 대학에서 교양과목의 하나로 레크리에이션 교육을 시작하였다. 1990년대 초에 서일대학에 레크리에이션 학과가 최초로 개설되었고 2000년에는 주성대학에 레크리에이션 이벤트과가 창설되었다. 이 밖에도 한국레크리에이션교육협회, YMCA, YWCA, 흥사단, 문화센터, 대학 사회교육원, 한국여가레크리에이션협회 등 10여 개의 단체에서 지도자를 양성하고 있다. 각 기업체에서도 연수 시 레크리에이션을 적절히 활용하고 있다. 특히 1993년 국민체육진흥법 제15조 제2항에 국가 및 지방자치단체는 레크리에이션 보급을 위하여 노력해야 한다는 규정을 신설하였으며, 국비과정으로 레크리에이션 지도자를 제1차 체육 5개년 계획의 목표년도인 1997년까지 5150명을 양성하였다. 그리고 레크리에이션 교실을 시·군·구에 1개소 이상씩 운영하여 레포츠, 게임, 민속놀이 등의 다양한 프로그램을 개발하고 지도하여 국민들의 건전한 여가생활과 심신단련을 위해 노력하고 있다.

3) 여가·레크리에이션의 영역

가. 가족

가족 레크리에이션은 발랄하고 단란한 분위기를 조성함으로써 건전한 가정을 이루는 데 그 목적이 있다. 가정은 개인이나 가족에 대한 레크리에이션의 기본적 원천이 된다. 따라서 아이들은 그들의 놀이터로써 가정을 이용하여 왔다. 따라서 가정은 온 가족이 함께 레크리에이션을 즐길 수 있는 기회와 장소가 되어야 한다.

나. 학교

학교 레크리에이션(school recreation)은 학교에서 학생을 대상으로 유익하고 즐거운 레크리에이션을 배우게 해야 한다. 레크리에이션 활동은 학생들에게 즐거운 학교생활과 행복한 학풍을 조성하는데 큰 도움이 된다. 이들은 학교 졸업 후에도 여가를 건전하게 이용할 수 있도록 해야 하기 때문이다. 결론적으로 학교에서 습득한 레크리에이션은 삶의 질을 높여 주도록 하는 데 목적이 있다.

다. 직장

직장 레크리에이션은 각 직장에서 일하는 사람들을 위한 레크리에이션으로서 기업체 내의 종업원의 특수한 필요성과 욕구를 충족하기 위해서 마련된 레크리에이션 활동을 의미한다.

라. 지역공동체

지역사회의 레크리에이션은 지역공동체의 연합과 단합을 이해 공통적인 관심을 가지고 참여하는 방식이다. 지역공동체의 레크리에이션은 공통적 관심에 의해서 통일되고, 공통의 욕구나 기대를 충족하기 위하여 하나의 활동으로 체육대회와 같은 집단 레크리에이션이 있어야 한다.

마. 치료

레크리에이션 치료는 기억력, 집중력 및 주의력을 증진시키며 자기표현의 기회를 주고, 심리적으로 안정감과 생리적으로 혈액순환을 증진시키는데 도움이 된다. 치료 레크리에이션은 심각한 정도의 질환이나 병을 앓고 있는 사람들의 회복을 도울 있다. 레크리에이션의 치료는 모든 질병으로부터 회복되는 과정 중에서 치료를 목적으로 재창조적, 재도전적인 활동을 제공하는 전문적 서비스 형태로 진행될 수 있다. 킨다. 또한 레크리에이션은 신체적 건강을 도모하며 사회적으로 다른 환자들과의 대인관계에서 협동심을 배우고 적절한 경쟁심, 사회성을 길러주기 위한 목적으로 시행될 수 있다.

바. 창의력

레크리에이션은 여가선용을 통하여 심신의 피로를 회복하여 주고 사회의 구성원으로서 사회성과 책임성을 길러주며 또한 활달하고 명랑한 성격을 갖도록 해준다. 집단 활동 속에서 '나도 할 수 있다'라는 자신감을 갖게 해주며 창의력을 개발할 수 있도록 하는 활동이다. 특히 인간관계를 원만히 할 수 있도록 하는 합리성과 중용의 도리를 배울 수 있는 활동으로 공감과 소통과 배려심의 심화로 창의력을 높이고 협동심을 심어 준다. 이 협동과정에서 서로에게 서로를 위해 창의력을 발산하게 된다.

여가활동 즉, 레크리에이션은 스트레스 해소와 더불어 창의적 사고에 절대적인 도움이 된다. 이 레크리에이션의 심신활동은 긴장감을 낮추고 사고력 확장에 도움이 되는 다양한 활동을 통해 창의력 발산에 도움이 된다. 다양한 창의적 활동은 레크리에이션의 특징으로써 또 다른 창의력을 생산하는 출구가 된다. 국내학술지 네이처는 규칙적인 여가활동이 연구할 시간을 빼앗는 것이 아니라 오히려 연구에서 얻은 스트레스를 완화하고 일과 삶의 균형을 향상시켜 더욱 혁신적인 해결책을 찾는데 보탬이 된다고 언급하고 있다.

스포츠 참여와 창의성의 관계를 분석한 결과를 살펴보면 스포츠 참여정도와 스포츠 참여경력, 스포츠 참여만족 모두 창의성에 유의하고 긍정적인 영향을 미치는 것으로 나타났다. 그런가하면, 레저 스포츠에 얼마나 자주 참여하는지에 따라, 스포츠 참여경력에 따라 그리고 스포츠에 참여 시 만족도에 따라 창의성의 긍정적 영향을 준다는 점이다. 이는 여가활동이 창의력에 도움이 된다는 해석가능하며 스포츠 활동에 참여를 하면 할수록 창의성은 선형적으로 증가한다고 점이다.

여가 레크리에이션의 효과

구분	효과
지역사회 레크리에이션	오락시설 제공, 공공 놀이시설 이용의 활성화/애향심, 공동체의식 향상/상부상조 의식 향상/사회생활 명랑/환경공해 추방/유해업소 추방/건전한 여가 선용/휴양/경로 정신 향상/가족, 사회적 역기능 해소/지역사회 봉사정신 고취
학교 레크리에이션	자기표현력 향상/취미생활/서클 활동/건전한 여가 선용/비행청소년 예방/에너지 발산/심신단련/소질, 잠재적 능력 개발/학업 능률 향상/교양, 인격 향상, 협동정신 향상/입시 불안 해소, 정서적 욕구 충족/진취적 성격 형성/졸업 후 직업선택과의 연계
직장 레크리에이션	자발적 참여도 향상/생산능률 향상/협동정신 향상/친교도모/노사관계 개선/애사심 향상/인성, 적성 판단 후 적절한 부서 배치/심신의 피로 회복 및 휴양/스트레스 해소/단조로운 업무에서 해방/즐거운 직장 이미지 홍보/산업재해 감소/파업 예방/결근 예방
병원 레크리에이션	신체놀이를 통한 기능 회복/음악, 작업요법 등을 통한 정신 치료/불안 해소, 심리적 안정/자신감 향상/환자의 상태 파악

4) 여가시간과 창의력

여가는 종종 경험의 자유 또는 자유 시간으로 정의된다. 자유시간은 비즈니스, 직장, 취업, 가사 및 교육, 식사 및 수면 과 같은 필요한 활동에서 소비된 시간이다. 상황주의자 인터내셔널은 여가가 자유 시간에서 진화하지 않는다고 제안하고 자유 시간은 거의 완전히 '자유로운' 환상적인 개념이라고 제안한다. 대부분의 사람들의 여가 활동은 완전히 자유로운 선택이 아니며 사회적 압박에 의해 제약을 받을 수 있다. 예를 들면 사회적 세력과 맥락과 심리학에 관한 사회학은 정신적, 정서적 상태와 조건이다. 여가활동은 인간의 창의력을 준비하고 잠재력을 이끌어 내는 소중한 시간이다.

예전에는 일과 함께 쉼을 중심으로 여가활동을 하였다. 그러나 이제는 많은 사람들이 여가 생활을 누릴 수 있게 되었다. 아동과 성인의 중간단계에 위치한 청소년 시기는 매우 중요하다. 일반적으로 청소년기는 급격한 신체적 생리적 사회 심리적 변화가 일어나 혼란스럽고 불안정한 시기이다. 더불어 이 시기는 자신의 미래를 설계하고 자아정체감을 확립해 가는 중요한 시기이다. 이때 긍정적인 정체감 성취는 청소년에게 상당히 중요하며 이는 여가를 통해 도움을 받을 수 있다 이와 같이 여가는 긍정적인 자아정체감을 성취하는데 도움을 주기 때문에 청소년의 일탈과 비행을 방지할 수 있고 인성도야와 인간관계 발전, 그리고 삶을 풍요롭게 하는 데 도움이 될 뿐만 아니라 미래의 삶을 설계하고 개척과 창의력의 활동을 할 수 있는 원동력이 된다.

 청소년기는 사람의 일생 중 성장과 이행의 단계이기 때문에 다른 시기와는 달리 여가 향유 방식과 특성이 독특하며 청소년에게 있어 여가는 매우 중요한 의미를 가지고 있다. 첫째, 여가는 청소년의 긴장과 스트레스 해소, 균형적인 정서 발달에 도움을 준다. 둘째, 청소년기는 활발하고 급격한 신체 발달이 일어나는데 이에 따라 정적 여가보다는 동안여가에 대한 욕구가 더 큰 시기며 동시에 이성에 대한 호기심이 증가하는 시기이다. 셋째, 여가는 청소년의 인지 발달을 촉진시켜 준다. 여가 생활은 학교 수업에서 배운 지식 활용과 새로운 지식을 획득하는 기회와 상상력, 창의력, 추리력, 문제 해결력 등의 고등 정신을 발달시키는 역할을 한다.

3. 실수(mistake)행위와 창의력

우리는 모두 크고 작은 실수를 경험한다. 기업 활동이 사람들의 크고 작은 결정들로 이루어지다 보니, 작은 실수 때문에 큰 손실이 발생하는 경우도 있다. 이때 "실수는 병가지상사이니 다음에 잘하자."라고 다짐하는 것으로 충분할까? 아니면 책임자를 문책하는 것이 재발을 효과적으로 방지하는 방법일까? 실리콘밸리 기업들은 포스트 모텀으로 왜 문제가 일어났는지 분석하고 대책을 수립한다. 포스트 모텀은 우리말로 부검 또는 검시라는 뜻이다. 포스트 Post는 '후', 모텀 Mortem은 '죽음'이다. 즉 피해자를 사망에 이르게 한 직간접적 원인을 사후에 총체적으로 알아내기 위한 방법이다.

1) 실수부검

가. 모든 관계자를 초대한다.

관리자들만 모이거나 팀의 일부만 모일 경우, 핵심적인 정보나 통찰을 놓칠 수 있다. 중요도가 높은 공식 미팅으로 일정을 잡되, 가급적 사고 수습이 이루어진 직후에 하는 것이 좋다.

나. 시간 순으로 분석한다.

사고 과정과 대응 과정을 상세하게 기술한다. 누가 언제 어떤 정보를 접하고 어떤 결정을 내렸는지, 결정을 내리게 된 배경은 무엇인지 기술하다 보면, 근원적인 문제점을 찾아내거나 복합적인 원인을 분석하는 데 한 발짝 다가갈 수 있다.

다. 잘된 일과 잘못된 일을 모두 검토한다.

잘된 일은 모범 사례로서, 잘못된 일은 보완해야 할 시스템의 약점을 찾아내는 데 꼭 필요하다.

라. 책임자를 문책하는 미팅이 아니다.

실수한 사람 또는 문제의 책임자에게 비난의 화살이 돌아간다면, 그 조직은 점점 책임을 회피하기 위해 정보를 각 팀(혹은 각 개인)의 입장에서만 해석하게 된다. 이렇게 되면 원인 분석을 통해 다음 사고를 예방하거나 시스템을 개선하는 것이 힘들어진다.

마. 개선책을 도출한다.

'5 Why' 기법을 쓰기도 한다. 계속해서 다시 묻는 것이다. "그렇다면 그것은 왜 일어났는가?" 껍질을 다섯 번 정도 벗기고 나면 가장 기저에 있는 원인을 찾아낼 수 있다. 이를 토대로 개선책을 세운다.

바. 공개한다.

가능하다면 회사 전체와 공유하는 것이 좋다. 여러 사람이 알수록 업무 프로세스나 시스템을 개선하는 데 있어 정보 공유나 협조를 구하기 쉽다. 실수를 조직 전체가 지성적인 방법으로 간접 경험하는 그 자체로 가치가 있다.

포스트 모텀(Post-mortem)
"학교에서 아이의 점심이 준비되지 않았다."

개요(Overview)

아이는 학교에서 제공하는 점심을 먹는다. 부모는 미리 점심을 주문해놓아야 한다. 그런데 지난 달 말에 주문을 깜빡했다. 아이가 점심을 굶을 위기에 처했다. 회사에서 전화를 받은 아빠가 급히 회사 카페에서 샌드위치를 만들어 아이에게 가져다주었다.

시간 분석(Timeline)

11:45 아이가 점심이 없는 것을 알게 되었다.
11:47 아이가 교무실에 달려가 점심이 없다고 말했다.
11:48 아이 아빠가 전화를 받았다.
11:55 아빠가 회사 카페에서 샌드위치를 만들었다.
12:10 샌드위치가 아이에게 배달되었다.

응급조치(Immediate Action)

가장 빨리 준비할 수 있는 음식을 직접 배달한다.

옵션 1: 햄버거 가게에서 햄버거를 사서 배달한다. 예상 소요 시간35분.
옵션 2: 샌드위치를 만들어서 배달한다. 예상 소요 시간 25분.

근본 원인 분석(Root Cause Analysis) 점심을 주문하는 것은 잊기 쉽다.

5Why 분석(5Why Analysis)

아이들의 점심 주문이 되어 있지 않았다.
Why? 점심은 최소 이틀 전에 주문해야만 한다.
Why? 매월 말일 전날에 주문해야 하는데 잊었다.
Why? 아이들의 의견을 물어보고 나서 하려다가 잊었다.
Why? 한 달에 한 번 있는 일이라 잊기 쉽다.
Why? 습관적으로 반복되지 않는 일은 잊기 쉽다.
논의(Discussions)

한 달에 한 번 해야 하는 일이다 보니 잊기 쉽다. 하지만 더 자주 주문하도록 바꾸면 더 자주 실수할 위험에 노출된다. 한 학기 치를 주문하면 아이의 입맛에 맞추기 어렵다. 휴대폰 리마인더(알림 메모) 기능을 이용하면 좋을 것 같다.

예방책(Preventative Measures)

한 달에 한 번 한 달 치를 아이들과 상의해서 주문한다. 아빠와 엄마가 같이하는 것으로 해서 한 사람이 잊더라도 다른 사람이 기억하도록 한다. 두 사람의 휴대폰에 리마인더를 설정하고 점심 주문이 완료되었을 때 해제한다.

모니터링(Monitoring)

주말에 아이들과 학교 점심에 대해 이야기하고, 다음 주 점심 메뉴를 같이 검토하는 것으로 아이들의 점심 식사 만족도를 모니터링 한다.

2) 실수 행위와 창의력 사례

1970년에 3M 사의 연구원으로 재직 중이던 스펜서 실버 (Spencer Silver, 1941~)는 강력 접착제를 개발하던 중 실수로 접착력이 약하고 끈적임이 없는 접착제를 만들게 됐다. 그 당시 주변 사람들은 실버가 개발한 제품을 붙었다가 떨어지는 신기한 접착제로만 생각했다. 접착제의 본래 기능은 한번 붙으면 잘 떨어지지 않아야 하는데, 실버가 개발한 접착제는 잘 붙되 잘 떨어졌기 때문이다. 그러나 실버는 실패를 실패로 만들지 않고 사내 기술 세미나에 보고했다. 영영 잊혀질 뻔했던 실버의 접착제를 되살린 것은 같은 연구소 직원인 아서 프라이(Arthur Fry, 1931~)였다. 교회의 성가대원으로 활동하던 프라이는 찬양을 부를 곡에 서표를 끼워 놓곤 했는데, 이것이 빠지는 바람에 당황했던 적이 많았다.

1974년 어느 날, 이를 고민하던 프라이는 실버의 접착제를 사용하여 붙였다 뗐다 할 수 있는 서표를 만들면 어떨까

하는 획기적인 아이디어를 떠올렸다. 실버의 접착제라면 종이에 쉽게 붙일 수도 있고 뗄 때도 책이 찢어지지 않을 것이란 생각이었다. 프라이는 연구를 거듭한 결과, 마침내 붙였다가도 말끔하게 떼어 낼 수 있는 적당한 수준의 접착제가 발라진 종이 조각을 개발해냈다. 그러나 접착제를 바른 종이면을 얇게 깎는 기술과 떼었을 때 책에 손상을 주지 않는 일정한 강도를 찾아내기란 쉽지 않은 일이었다. 그는 포기하지 않고 연구에 몰두하였는데, 마침내 1977년에 서표는 물론이고 메모지로도 활용 가능한 「포스트 스틱 노트」(Post-stick note; 이후 Post-it으로 변경함)를 출시하였다.

포스트잇이 처음 출시되었을 때만 해도 "이런 것을 어디에 쓰느냐?"는 의견이 다수였다. 이 때문에 초기 시장 판매는 실패했다. 그러나 프라이는 좌절하지 않고 포춘이 선정한 500대 기업의 비서들에게 3M 사 회장의 비서 이름으로 견본품을 보냈다. 그것을 써 본 비서들은 포스트잇의 놀라운 기능에 사로잡혔다. 서류에 간단히 붙여 표시하거나 그날그날 해야 할 일을 적어 책상머리에 붙여 두는 메모지로써 제격이었기 때문이다. 이후 포스트잇은 1980년에는 미국 전역에서 판매되기 시작했고, 1년 후에는 캐나다와 유럽 등 전 세계로 판매가 확대되었다. 이어 포스트잇은 AP통신이 선정한 '20세기 10대 히트상품'에도 포함되는 영광을 안았다. 포스트잇은 이렇게 실패한 발명품에서 최고의 사랑을 받는 사무용품으로 거듭났다. 생각을 바꿔 새로운 사용 분야를 찾아

낸 발명가의 끈질긴 노력 덕분이다(네이버 지식백과)
실수는 누구나 할 수 있는 다양한 변인요인에 의해서 하게
된다. 그러나 실수를 실스로 마무리 하지 않고, 좀 적극적인
안목으로 바라보면 그 자체가 창의적인 것이 된다.

4. 상상력과 창의력

상상력은 이미지를 생성할 수 있는 능력이다. 아이디어와 감각을 마음에 즉각적인 입력 없이 감각(예: 보고 또는 청각 등)이다(?). 상상력은 문제를 해결하는 데 지식을 적용할 수 있도록 도와주며 경험과 학습 과정을 통합하는 근본이 된다. 상상력의 기본 트레이닝 듣고 텔링(이야기)되는 선택된 단어의 정확성은 "세계를 연상"하는 근본적인 요인이다(Olin Levi Warner, Imagination, 1896).

상상력은 정신 기능에 사용되는 인지 과정으로 때로는 심리적 이미지와 함께 사용된다. 심적 이미지의 동시기(cognate term of mental imagery)는 예전에 감각 지각으로 주어진 대상에 대한 마음 기억에서 회복 과정을 나타내는 것으로 심리학에서 사용될 수 있다. 이러한 용어의 사용이 일상 언어와 충돌하기 때문에 일부 심리학자는 이 과정을 "이미징"또는는 "이미지"로 묘사 하거나 "생산적" 또는 "건설적인" 상상력과 달리 "재생산"이라고 말하기를 선호하기도 한다. 그것은 정신합성 (mental synthesis)이라고 부르며, 꿈꾸면서 발생하는 새로운 이미지의 자발적 보텀 업(spontaneous bottom up)을 의미 한다.

상상력은 동화나 환상 같은 이야기를 통해 표현될 수도 있다. 아이들은 종종 그런 서사를 사용하고 상상력을 발휘하기 위해 연극을 가장한다. 아이들은 환상을 개발할 때 두 가지

수준에서 놀이를 한다. 첫째, 그들은 상상력으로 개발한 것을 연기하기 위해 롤 플레잉을 사용하고, 두 번째, 수준에서는 그들이 개발한 것이 마치 행동하는 것처럼 행동함으로써 다시 행동한다(실제 현실). 심리학자들은 독창적인 창의성과 예술적 표현뿐 아니라 평범한 상상력의 평범한 형태에서도 상상력이 풍부한 사고를 연구해 왔다. Ruth MJ Byrne은 현실에 대한 대담한 대안에 대한 일상 상상력의 생각은 이성적 사고가 바탕이 되는 것과 동일한 인지과정을 기반으로 한다고 제안했다. 아이들은 초창기부터 현실에 대한 상상력 있는 대안을 창안할 수 있다. 문화 심리학은 현재 개인 및 집단 수준에서 모두 일상 활동에 참여하고 높은 정신 기능과 같은 상상의 보기를 정교하게 실천한다. 경험하는 과정에서 사람들은 언어적 및 상징적 형태의 복잡한 의미를 조작할 수 있다.

심리학자(L' Imaginaire)의 상상의 심리학과 장 폴 사르트르(Jean-Paul Sartre)는 상상력의 개념을 제시하고 인간의 의식의 본성에 대한 상상력의 존재를 설명하고 있다. 상상력은 사진 이미지를 실제처럼 보이게 하기 위해 사진 이미지에 대한 우리의 인식에 적극적이다. Michael Mumford는 창의성에 대한 과학적 연구 결과를 요약하면 다음과 같이 제안했다. "지난 10년 동안 우리는 창의성이 새롭고 유용한 제품의 생산을 포함한다는 일반적인 합의에 이른 것으로 보인다."(Mumford, 2003, p. 110) Robert Sternberg의 말에 따르면, "독창적이고 가치 있는 것"은 일반적인 공통점을 넘어서는 정확한 정의에서 크게 갈라졌다. Peter Meusburger는 백가지 이상의 분석이 문헌에서 발견될 수 있다고 생각했다. 예를 들어, E. Paul Torrance 박사의 한 정의결함, 지식 부족, 요소누락, 불협화음 등에 민감해지는 과정, 어려움을 확인하는 것, 해결책을 찾고, 추측하거나, 결함에 대한 가설을 세우는 과정이라고 생각했다. 이 가설을 테스트하고 다시 테스트하는 과정이 가능하다면 "수정하고 다시 테스트하고 결과를 전달하는 것"이라고 덧붙였다.

상상력은 무에서의 상상이 있는가하면, 하나의 출발점에서의 시도로부터 상상력이 있을 것이다. 특히, 미술치료에 있어서 연상화는 정신분석에서의 연상기법을 기초로 창안한 것이라고 할 수 있다. 이 연상화는 다양한 상상력과 함께 창의력을 발산하는데 도움이 되는 시발점이 된다. 연상화의 창의력은 다시 스토리텔링(storytelling)로 연계되어 다른 관점에서 창의력 활동이 되는 것이다. 그 예시는 다음과 같다.

5. 인공지능(AI)과 창의력

인공지능(artificial intelligence/人工知能)의 발전은 인간의 삶의 편리성을 준 반면에 인간의 심성을 위협하고 있는 것 또한 사실이다. 인공지능은 인간의 감정을 읽고, 기본적인 감정과 정서를 진단하고 인간과의 대화를 시작하였다. 인공지능의 교육은 대학교 실험연구실에서 시작하여 유치원 교실까지 활용되고 있다. 일본의 Softbank사는 세계 최초로 유치원 교육에 도움을 주는 '휴머노이드 로봇(모델명'NAO)' 아이다(Ada)를 개발하였다. 신장 58cm의 Ada는 호주 세인트 피터스 여학생 유치원에서 아이들 표정을 읽고 대화를 하며, 함께 춤추고 놀면서 Coding 수업을 가르친다. 아이들은 아이다(Ada)의 동작에 맞추어서 요가도 하며, 아이다는 간식을 먹을 때에도 아이들 옆을 지키면서 대화를 한다. 아이다(Ada)는 이제 장난감이 아닌 친구이자 교사로서 역할을 하고 있는 것이다. [출처: 중앙일보] [교실의 종말] 2018년 10월 3일

일본 고등학교 교실은 아예 물리적 공간을 없앤 학교도 속속 등장한다. 2016년 4월 일본 정보통신(IT)기업 '드왕고'가 설립한 N고교가 대표적이다. 'N'은 '네트워크(net)' '새로움(new)' '다음(next)' 등의 뜻을 담고 있다. 이 학교의 모든 교육은 인터넷과 가상현실(VR)을 통해 이뤄진다. 지난해 신입생들이 VR 헤드셋을 끼고 가상현실에서 치른 입학식 사진은 일본 언론에서 화제가 됐다. 학생들은 정해진 시간에 인터넷에 접속해 실시간으로 동영상 수업을 듣는다. 궁금한 게 있으면 채팅 창을 통해 바로바로 질문한다. 정해진 교육과정을 학생들이 의무적으로 따라야 하는 다른 학교들과 달리 N고에선 학생들이 원하는 수업을 선택해 시간표를 짠다.

[출처: 중앙일보] [교실의 종말] 2018년 10월 14일

덴마크 코펜하겐에 있는 오레스타드 고교는 전 세계 교육·건축 관계자들의 견학이 잇따른다. 이 학교의 독특한 공간 구조 때문이다. 2005년 문을 연 이 학교는 '디지털'에 방점을 두고 설계됐다. 미래기술을 반영해 수업이 어떤 형태로 변화하든 이에 대응할 수 있게 하기 위해서다. 이 학교는 IT 기업이 설립하여 인터넷·VR로 수업으로 일류 엔지니어들이 컴퓨팅 교육을 실시한다. 덴마크선 판박이 사각형 벽 없애 이동형 벽체, 교실 자유자재 바꿔 것으로 학교는 그 자체가 하나의 개방형 공간이다. 학교 내 모든 공간의 벽면은 언제든 이동이 가능하도록 지었다. 일부 교실은 원통형으로 만들고 원통 위, 즉 교실 꼭대기는 확 터 개방형 공간으로 활용한다. 수업 교육과정을 알리는 것도, 학생들이 과제를 제출하는 것도 모두 '구글'에서 이뤄진다. [출처: 중앙일보] [교실의 종말] 2018년 10월 14일

그런가 하면, 지난달 14일 호주 수도 캔버라 소재 사립학교인 '캔버라 그래머 스쿨'(Canberra Grammar School)의 한 교실에서 이 학교 11~12학년(한국의 고 2~3학년) 10여 명이 수업을 듣는데 이중 절반가량이 스포츠 고글 혹은 보안경 비슷한 장비를 얼굴에 쓰고 있었다. 반투명한 렌즈 너머로 보이는 학생들 눈동자도 보였다. 일부는 엄지와 검지를 모아 허공에서 뭔가를 집는 듯했고, 더러는 손바닥을 뻗어 무엇인가를 들어 올리거나 돌리는 동작을 했다. 이 수업은 칠판·종이 없는 수업을 하는'캔버라스쿨'의 수업이다. 학생들은 홀로그램 안경 쓰니 3차원 영상이 바로 앞에서 돌아가고, 손동작으로 이미지 키우고 회전 에듀테크 혁명이 전통 교육 바꿔을 바꾸고 있는 것이다.

학생들이 착용한 기기는 마이크로소프트(MS)사가 개발한 '홀로렌즈'라는 디바이스. 현실 공간에 홀로그램을 투사하고 손동작이나 음성으로 그래픽을 제어할 수 있는 기기다. 스마트폰·노트북 등 디지털 기기에 연결하지 않고 그 자체로서 무선 컴퓨터처럼 기능한다. 홀로그램은 기기를 쓴 당사자에게만 보이고 다른 이에게 보이지 않았다. 휴머노이드 로봇, 인공지능(AI), 사물인터넷(IoT) 등 이른바 미래기술은 생활상을 급속도로 바꿔놓고 있다. 기성세대보다 미래 기술에 더 친숙해져야 하는 유아·청소년이 있는 학교에선 변화의 물결이 더욱 거세다. 교육, 그리고 과학기술 분야에선 미래 기술과 교육의 결합으로 인한 변화를 '에듀테크(edutech) 혁명'

으로 부른다. 세계의 유수 학교에선 증강현실(AR)·가상현실 (VR) 등을 활용한 실감형 학습이 미래교육의 대안으로 급부상 중이다. 교사 한 명이 수십 명의 학생에게 똑같은 교과서로 동일한 내용을 일방적으로 가르치는 전통적 교육의 시효가 끝나고 있다. 2차원인 칠판 속의 평면적 그림은 3차원의 홀로그램으로 바뀌고 있다. 말 그대로 전통적 교실이 사라지고 있다.

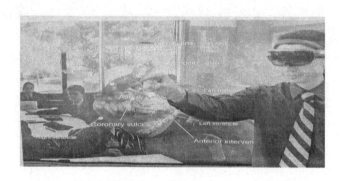

지난달 14일 호주 캔버라 그래머스쿨에서 이 학교 매튜 퍼셀 교사가 혼합현실(MR)기기 '홀로렌즈'를 얼굴에 쓰고 심장에 관해 설명하고 있다. 교사의 눈에 비친 광경이 실시간으로 교실 뒤 스크린에 투영되고 있다. 이 학교는 3차원 실체에 대한 이해가 필요한 수업에 이 기기를 활용한다.
[출처: 중앙일보] [교실의 종말] 2018년 10월 14일
호주 교실 한복판에 심장 뛰고 달이 돈다.

이처럼 이제 교실은 단순하게 건물구조이어서는 안되며, 교사 역시 자신이 습득한 암기위주 단순한 지식이 되어서는 안 될 것이다. 극단적으로 지금처럼 학교라는 교육조직에 많은 교사와 교구자제는 더 이상 필요치 않다. 이제 학교는 교육의 성과를 최첨단의 기술과 융합한 융합교육이 핵심을 요구하고 있다. 그러나 분명한 것은 교육의 대상은 사람이라는 사실이다. 교육의 방법은 4차 산업에 맞춘 인공지능(AI)과 융합해야 하는 융합교육이지만 교육의 목표는 인간다움의 인성이며, 성품이 되어야 한다는 것은 확실하다. 따라서 본 강의자는 이에 대한 한 방법으로 융합교육에 있어서 코칭상담의 역할이 절대적이라고 생각한다. 조심스럽지만, 융합교육에 있어서 코칭상담의 역할에 대한 접근이 본 강의가 최초가 아닌가 하는 마음으로 본 강의를 논 하고자 한다.

인공지능을 개발하고 있는 구굴, IBM 등은 인공지능 상담사를 개발하여 시범 운영하고 있다. 현 시점에서 인공지능의 효율성, 편리함, 무한한 기능에 대해서는 무시할 수도 없고, 모든 것을 수용할 수 없는 실정이다. 상담심리 입장은 인공지능에 대해 융합적인 차원에서 접근하는 것이 현명한 판단이라고 본다. 강의자 역시 이 부분에 동의한다.

6. 동기부여와 창의력

창의력과 지능이 관련이 있습니까? 수년 동안 창의성이라
는 개념은 지능의 관점과 구별 할 수 없었다. 정보학을 처음
으로 조사한 사람 중 한 사람인 프란시스 갈턴(Francis Galton
, 1887)은 캠브리지의 남성들 또는 선택된 직업에서 얻은
"탁월한" 남자들이 얻은 성적(표식)에 대한 지적 차이에 대
한 그의 관찰을 기반으로 했다. 그는 지능이 특정 테스트에
서 계승되고 측정 가능하다고 제안했다.

20세기 초 Alfred Binet은 일련의 작업에서 성능을 측정하
여 지능을 측정하도록 설계된 테스트를 개발했다. 스탠포드
대학의 루이스 터먼 (Lewis Terman)은 나중에 미국 참가자
들과 함께 Binet의 원래 테스트를 표준화 했으며 Stanford
-Binet 은 미국의 표준 정보 측정 수단이 되었다.

시간이 흐르면서 지능의 전통적인 관념이 천천히 변하기
시작했습니다. 1950 년, JP GuilfordIQ 테스트에서 지능에
대한 아이디어에 점수를 매겼다. Guilford (1950)는 미국 심
리 학회(APA) 연설에서 정보 테스트가 창의력을 적절히 측
정 할 수 있다는 의심을 표하며 "독창성과 창조적 생산성은
지능 영역을 훨씬 넘어서 확장되었다"(445 페이지). 대신 그
는 지적 능력이 창조성을 포함한 여러 요소의 구성 요소로
간주 될 것을 제안했다. 또한 창조적인 잠재력과 창조적 인
생산을 차별화하여 창조적인 생산을 동기 부여와 같은 성격

적 특성과 연결 시켰다. "필수적(창조적) 능력을 가진 개인
이 실제로 창조적 인 성격의 결과를 산출 할 것인가의 여부
는 그의 동기 부여와 변덕스러운 특성에 달려있다"(444 페
이지).

지능과 창조성의 차이는 시카고의 사립학교 학생들의 연구
에서 Getzels and Jackson (1962)에 의해 기록되었다. 평균
IQ 점수가 평균 이상 이었지만 IQ 점수가 가장 높은 학생은
발산 사고력 점수에서 20% 미만으로 떨어졌으며 발산 사고
점수가 가장 높은 학생은 IQ 점수에서 20 % 미만이었다. 가
장 높은 IQ 또는 발산 사고 점수에는 중복이 없어 보였다.
그룹의 성취 점수는 높은 IQ / 낮은 발산 사고와 낮은 IQ /
높은 발산 사고 그룹 사이의 IQ 점수에서 23 포인트 차이에
도 불구하고 비교 가능했다.

월 러치와 코간(1965)는 지능과 창의성을 구별하기 위해
젤젤(Getzels)과 잭슨(Jackson)을 포함한 이전 연구자들이
사용한 방법론에 의구심을 표했다. Wallach와 Kogan (1965)
은 독창성 측정이 서로보다 지능 측정과 공통점이 있다고 주
장하면서 대규모 그룹에서 시간을 잰 종이 연필 테스트의 관
리가 창의적 잠재력을 정확하게 반영하지 않을 수도 있다고
제안했다. 그들은 이전에 자녀와 관계를 맺어 온 어른과 1
대 1의 환경에서 서로 다른 발상의 과제를 제시함으로써 서
로 간에 고도의 상관관계가 있을 뿐만 아니라 지능 점수와는
독립적 인 창의력 점수를 얻는 것을 발견했다.

창의력과 지성 사이의 구별은 Joseph Renzulli에 의해 다시 묘사되었다(1978의 재능에 관한 Three-Ring 개념). 그는 "일반적으로 지적 능력, 업무 집행력, 창조성이 반드시 우수하지는 않지만 평균보다 우수함"(181 페이지)이라는 교차하는 세 가지 특성을 제안했다. 렌 줄리 (Renzulli, 1978)에 따르면, 세 가지 구성 요소의 상호 작용은 모든 구성 요소가 동등하게 기여하는 창조적 인 성취를 위해 필요하다.

1) 동기부여와 창의력

동기부여는 "목표지향적 행동을 유도하고 유지하는 과정"(Schunk, 453)을 성취하기 위한 개인적인 목표이다. Amabile (1987)에 따르면, 동기부여 지향은 특성과 상태 모두이다. 특성으로, 동기부여는 기질, 개성 및 이전 경험 때문에 특정 활동의 타고난 싫어함을 포함된다. 사람들은 그들이 즐기는 것에 더 창조적인 경향이 있습니다. 국가로서, 동기 부여는 내재적이거나 외재적 일 수 있다. 형질은 상대적으로 오래가는 경향이 있는 반면, 국가는 사회적 환경에 더 많은 영향을 받는다. 내재적 동기 부여는 "즐겁고, 만족스럽거나, 도전적이거나, 그렇지 않으면 매혹적이기 때문에 일차적인 목적을 위해 일하는 동기"(Amabile, 1987, p. 224), 반면에 외재적 동기 부여는 외부 보상이며, 동기부여는 개인이 문제 해결을 지속하도록 유도하기 때문에 창의성에서 매우 중요하다.

창의력은 개인(사회적 지원)이 동기 부여를 하지 않으면 성취되지 않으며, 개인이 자신의 기술을 적용하도록 동기를 부여받지 않으면 창의적인 해결책을 찾을 수 없다."(Runco, 2005 , 609 쪽). Prabhu et al. (2008)은 독창성과 세 가지 성격 특성 사이의 관계를 중재하는 중재자로서의 내재적이고 내재적인 동기부여의 중요성을 강조한다. 즉, 경험의 개방성, 자기 효능감, 인내 등이다.

2) 동기부여에 대한 보상의 효과

보상은 특정 개인적 특성에 다르게 영향을 미친다. 내재적이고 내재적인 동기부여에 대한 보상의 효과는 복잡하며 개인의 인식에 따라 상황이 다를 수 있다. 본질적으로 동기부여 된 과제는 단순히 보상이나 다른 목적을 얻는 수단으로 인식되거나 놀이보다는 일로 제시되는 경우에 외적 동기를 부여받을 수 있다(Amabile, Hennessey, & Grossman, 1986).

내재적 동기에 대한 보상 효과를 측정하는 96가지 실험 연구의 메타 분석에서 Cameron과 Pierce(1994)는 보상이 내재적 동기를 감소시킨다는 일관된 증거를 발견하지 못했다. 사실, 언어적 칭찬은 내재적 동기부여를 증가시키는 것처럼 보였다. 보상의 유일한 부작용은 보상에 보상을 부여한

후 과제에 소비한 시간을 약간 줄이는 것이다. Eisenberger and Cameron (1996)은 1971-1991년의 거의 100개의 연구에 대한 메타 분석에서 유사한 결과를 발견했으며 효과와 표본 크기를 통제했다. 그러나 다른 연구자들은 동기 부여가 보상 이외의 조건의 영향을 받을 수 있다고 지적했다. 역량과 자기결정과 같은 사회적인지적 요소는 동기를 증가 시키거나 감소시킬 수 있다(Deci & Ryan, 1985). 역량이나 자기결정에 대한 인식을 증가시키는 사건은 내재적 동기부여를 향상시키는 것으로 가정된다. 역량 또는 자기 결정에 대한 인식을 감소시키는 사건은 내재적 동기부여를 감소시킬 것이다(Eisenberger & Cameron, 1996, 1155). 이러한 유형의 보상이 자결을 줄이기 때문에 과제 참여(성과에 독립적인 보상) 또는 과제 완료 (완료 종속 보상)에 대한 보상이 주어지면 내재적 동기부여가 감소될 수 있다. 그러나 사전에 정한 품질 기준 (품질에 따른 보상)을 충족시키는 보상은 반드시 내재적 동기를 감소시키지 않는다. 자기결정이 줄어들지만 역량에 대한 인식은 동시에 증가 할 수 있다.

3) 창의력에 대한 보상의 효과

 행동적-인지적 지향적 연구자가 보상에 창의력에 부정적인 영향을 주는지 아닌지에 대한 고유한 불일치가있는 것처럼 보일 수 있다. 행동주의자는 인간의 행동을 자극(이 경우 보상)에 대한 반응으로 인식한다. 그러므로 보상의 유혹은 긍정적인 동기부여와 창조성을 촉진시킨다(Eisenberger & Selbst, 1994).). 다른 한편, 인지 연구자들은 보상에 덧붙여 창의성에 대한 사회적 요인의 영향을 지적 한다(Amabile, 1987). 또한 보상이 다른 유형의 문제에 다른 방식으로 영향을 미칠 수 있다.

Amabile(1983)은 두 가지 종류의 문제를 구분 한다 : 산술 문제와 같은 단일 해결책으로 알고리즘 또는 직접적인 문제; 휴리스틱 또는 개방형 문제, 다양한 솔루션 또는 전혀 해결책이 없습니다. 인지처리 요구의 차이로 인해 보상은 휴리스틱 문제보다 알고리즘 문제에 다른 영향을 미칠 수 있다. 행동주의자들과 사회인지적 이론가들은 이것이 일을 다르게 분석하는 경향이 있지만 실제로 일어난다고 제안 한다(Amabile, 1987; Eisenberger and Selbst, 1994).

Eisenberger and Selbst (1994)는 보상이 학습 능력을 감소시킨다는 것을 인지 한 연구자는 일반적으로 행동주의자가 높은 발산사상에 대한 보상을 하는 반면 "일반적으로 발산사고의 낮은 수준에 대한 보상"이라고 제안 한다(1118 쪽).

Eisenberger and Selbst (1994)는 어린 발달 사고에 대한 보상의 효과를 조사한 결과, 발산적 사고가 적다면 보상은 창의성이 떨어지는 반면, 발산적 사고가 많으면 보상이 창의성을 증가 시킨다는 것을 발견했다. 큰 보상은 두 그룹 간의 창의성의 차이를 제거했다. 두 번째 연구는 높은 발산사고에 대한 근위 또는 원위 보상에 기초하여 아동용 그림의 창의성을 평가했다.

Eisenberger와 Shanock (2003)은 또한 "창의력에 대한 보상의 효과는 받는 사람의 임무에 달려있다." 창조적인 성과가 보상을 받았을 때 창의성이 증가했으며 기존의 성과가 보상을 받으면 감소했다. "높은 성과에 대한 보상은 자각 능력과 역량이 강화됨으로써 내재적 인 업무 관심을 증가시켜보다 창조적 인 성과를 이끌어 냈습니다." 즉, 과목은 보상되는 조건을 배우고 미래의 활동에서 이 지식을 활용한다.

Eisenberger와 Shanock (2003)은 내재적 동기 부여와 창조성의 증가가 자기결정 이론(self-determination theory, SDT)과 일치하는 자기 결정력과 지각 된 능력의 증가에 기인한다고 믿는다. Eisenberger와 Cameron (1996)은 비슷한 결과를 보았는데, 보상을 받은 후 과제에 소비 된 시간을 측정했다. 그들은 구술 보상이 시간을 증가시키는 반면 유형의 보상(특히 성과 독립적 인 유형의 보상)의 기대는 시간을 줄이는 것을 발견했다. 구술보상 강화 된 태도 및 품질 의존 보상은 이자를 증가 시켰지만 다른 유형의 보상은 효과가 없었다.

이러한 결론은 일반적으로 내재적 동기부여가 창의성을 강화시키고 외재적 동기 부여가 창의성을 억제한다고 주장하는 일부인지 지향적 연구자들에 의해 거부되었다(Amabile, 198

7). 동기부여와 창조성은 보상뿐 아니라 사회적 요인에 의해 영향을 받는다. 이러한 사회적 요인은 고립되어 발생하는 것이 아니라 복합적으로 발생한다. 보상의 기대, 자부심 및 내재적 동기 부여는 보상의 효과에 대한 개인의 인식에서 상호 작용하게 된다. 이 인식은 긍정적이거나 부정적 일 수 있다. Prabhu et al. (2008)은 창의성에 대한 외재적 동기의 부정적인 영향에 대한지지를 발견했다. 연구자들은 자기 효능감, 내재적 동기 부여 및 경험에 대한 개방성이 창의력과 강력하고 긍정적인 관계가 있음을 발견했다. 내재적 동기부여는 인내와도 관련이 있다. 그러나 인내는 창의성과 관련이 없는 것으로 나타났다. 내재적 동기는 높은 수준의 내재적 동기 부여가 있었지만 낮은 수준이나 평균 수준이 아니라 창의성과 부정적으로 관련되어 있었다.

Eisenberger와 Cameron의 1996 년 연구에 대한 응답으로, Hennessey와 Amabile (1998)창의적인 성과보다는 단순한 행동(업무에 소비 된 시간)이 보상의 효과를 측정하는 데 사용되었다. 그들은 작업에 대한 사전 경험이 없을 때 포상과 부정적인 대비와 같은 제안 된 설명을 보상을 위해 수행되는 작업에 적용하기가 어렵다고 주장한다. "Eisenberger와 Cameron의 결과에 대한 가장 적절한 해석은 발산적 사고에 대한 보상을 기대하면서 발산적 사고가 증가했다는 것을 검정했다(Hennessey & Amabile, 1998, 675 쪽).

Amabile et al.에 따르면 외부 적 제약 조건은 즉각적으로

나 미래의 성과와 관심을 낮추었다(1986). 세 가지 연구는 실제 활동의 일부로 보상을 제공하는 것과는 대조적으로 보상을 위한 작업 수행의 효과를 조사 한 것이다. 참가자는 초등학생부터 성인 여성까지 연령대가 다양했으며 언어, 예술 및 문제해결 기술이 포함 된 다양한 업무가 있었다. 보상은 활동의 일부로 제공되었을 때 창의성을 억제하지 못했지만 결국 수단으로 보았을 때 창의성을 억제하는 것처럼 나타났다. 이 발견은 서로 다른 인구, 보상 및 창의력 과제에 대한 보상의 부정적인 영향을 나타난 것이 되었다.

5) 동기 부여와 창의력에 영향을 미치는 사회적 요인

Amabile(1987)은 평가, 감시, 보상, 경쟁, 선택 제한 및 시간 압박과 같이 창의력에 강하게 영향을 줄 수 있는 여섯 가지 사회적 요소를 확인했다. 평가에 대한 기대는 성인과 고학년 학생들의 창의성에 부정적인 것으로 나타난다. 젊은 학생에게도 효과가 똑같은 것인지 확실하지 않다. Amabile (1987)의 연구에 따르면, 초등학생들은 미술과제에 대한 피드백을 받았다. 또한 일부 학생들은 실험 결과에 따라 실험자의 직업 상태가 결정되므로 외부 제약 조건의 중요성이 높아진다는 의견이 전해졌다. 그룹 간에 명확한 차이는 없었지만 모든 그룹의 성과는 대조 그룹의 성과보다 덜 창의적인 것으로 평가되었다.

감시는 평가의 기대 여부와 상관없이 창의성을 떨어뜨릴 수 있는 것으로 나타났다. 아마 블레(Amabile, 1987)는 그들이 관찰되고 있다고 믿는 대상자는 관찰되는 것을 모르는 사람들보다 덜 창조적이라는 것을 발견했다. 관찰 된 사실을 듣고 제품을 완성한 후에 평가할 것이라고 말한 사람들은 가장 창조적이지 않은 제품을 생산하고 더 높은 수준의 불안과 산만 함을 보였다(Amabile, 1987).

보상 자체는 외재적인 목적을 위한 수단으로 개인의 인식을 영향력 있는 것으로 보지 않는다. 아마 블레(Amabile, 1987)가 수행 한 연구에서, 창조성은 주어진 과제에 대한 성과에 관계없이 보상이 주어지는 비상 한 보상 조건에 있는 사람들 중에서 창의력이 가장 높은 것처럼 보인다. 이 오리엔테이션은 외부 동기를 증가시키지 않는 것으로 보인다. "보상을 얻기 위해 활동을 하는 것으로 보는 약간의 활동을 하는 것에 대한 현저한 보상을 받는 계약은 그 자체로 내재적 인 동기를 줄이고 결과 창의력을 약화시킬 수 있다"(242쪽).

경쟁은 다른 연령대의 창의력을 억제하면서 일부 연령 그룹의 창의력을 향상시킬 수 있다. Amabile(1987)은 문제 해결에 있어 비즈니스 관리자, 교육자 및 연구자에 대한 연구를 수행했다. 비경쟁 상황에 처한 사람들은 보다 창의적이고 정확하게 행동했다. 초등학생의 경우에도 같은 결과가 나타났습니다. 그러나 아마 블레(Amabile, 1987)는 십대들 간의 경쟁이 실제로 창의력을 향상시킬 수 있다고 제안했다.

자유 선택과 "내부 통제와 자유의 감각"(Amabile, 1987, 244 쪽)은 창조성에 긍정적 인 영향을 미치는 것으로 보인다. 근로자 나 학생에게 특정 경로 또는 제조법을 따르도록 요구하면 독창성과 동기 부여가 저하되게 된다. Amabile (1987)은 시간 제약이 다른 제약보다 창조성에 더 많은 영향을 미칠 수 있다고 믿고 있지만 아직까지 이를 보여주지는 못했다. 마감 시간은 창의력을 떨어뜨릴 수 있지만 충분한 시간은 창의력을 증가시키는 경향이 있다.

능력의 인식과 행동의 선택은 동기에 대한 자기 인식에 영향을 미친다(Lepper, Greene, & Nisbett, 1973). 우리가 작업을 수행하는 누군가를 볼 때, 우리는 성과를 보상으로 간주하는 이유를 알지 못하면 외부 보상 없이 그것을 수행하고 있다고 추론한다. 우리는 동일한 동기 또는 부족으로 인해 우리 자신의 행동과 행동을 인식하는 경향이 있다. 창조성에 대한 내재적 동기부여는 다른 사람들이 보상 없이 비슷한 일을 수행하는 것을 관찰함으로써 생길 수 있다. 따라서 관찰자는 자신의 업무 수행이 본질적으로 동기부여 된다는 것을 인지한다.

능력의 인식과 행동의 선택은 동기에 대한 자신의 지각에 영향을 미치게 된다. 우리가 작업을 수행하는 누군가를 볼 때, 우리는 성과를 보상으로 간주하는 이유를 알지 못하면 외부 보상 없이 그것을 수행하고 있다고 추론하게 된다. 우리는 동일한 동기 또는 부족으로 인해 우리 자신의 행동과 행동을 인식하는 경향이 있다. 창조성에 대한 내재적 동기 부여는 다른 사람들이 보상 없이는 비슷한 일을 수행하는 것을 관찰함으로써 생길 수 있다. 관찰자는 자신의 업무 수행이 본질적으로 동기 부여된다는 것을 인식한다. 보상의 기대는 개인에게 행동을 보상으로 간주하고 내재적인 동기를 줄이게 할 수도 있다(Eisenberger & Cameron, 1996; Lepper, et al., 1973).

6) 과정과 보상 예방접종

노 보상/내재적 동기 부여 그룹에서 낮은 창의력 점수를 받은 어린이들에 의해 당황한 Hennessey et al. (1989)는 초기 동기부여 방향과 자아 존중감의 성격 변수를 평가하기 위한 두 번째 연구를 수행했다. 보상/내재적 동기 부여 교육 그룹의 학생들의 창의성은 가장 창의적인 것으로 평가되었지만 보상/내재적 동기부여 및 보상/통제 그룹의 창의성은 비교 가능했다. 흥미롭게도, 내재적 동기부여 훈련을 받지 않은 학생들도 동기부여 점수에서 상당한 이득을 얻었다.
내재적 동기부여 훈련 후, 학생들은 보상/무보증 상태에서 콜라주를 만들었다. 전문가들의 평가가 신뢰성 기준에 미치지 못했기 때문에 21명의 교사에게 제품 평가를 요청했다. 전문가들은 통제훈련/무보증 그룹을 가장 창의적이라고 평가했지만 교사들은 내재적 동기부여 교육/보상 그룹을 가장 창의적으로 평가했다. 둘 다 통제 훈련/보상 그룹 최소 창의성을 평가했다.

보상에 예방접종을 받는 학생의 이러한 효과는 보상이 "내재적 동기부여 및 독창성에 영향을 미치지 않거나 심지어 긍정적 영향을 미친다" 는 조건인 동기 부여 시너지로 알려져 있다(Hennessey & Amabile, 1998, p.675). Hennessey와 Amabile (1998)은 Eisenberger and Cameron (1996)의 연구에서 보상의 저해 효과에 대한 설명으로서 동기 부여적인 시너지 효과를 제시했다.

7. 일상(Everyday Creative)과 창의력

일상의 창의력(Richards, 1988)은 인간으로서의 우리가 창조적 잠재력/능력을 가지고 태어났다는 것을 믿는 것이다. 일상생활에서 우리가 의미 있고 독창적인 제품과 아이디어를 만들어 내며 친밀한 목적을 달성 할 수 있다는 이해를 바탕으로 하는 창조성 이론이다. 일상의 창조성은 인간 각 개인의 경험에서 나타난다. 우리는 개인이 우리의 평생 세계와 상호 작용할 때 EC의 능력을 표현한다.

Runco는 모든 창의력은 개인적인 차원에서 시작되며 때로는 사회 문제가 되고 그 창의성은 인간이 되는 부분이라고 제안한다(Runco, 2007). 우리가 항상 그 사실을 알고 있는 것은 아니지만, 우리는 일상생활에서 창의적이라는 것이다. "우리가 인생에서 내리는 모든 선택은 결정이며 그 결정은 창의적인 기초를 가지고 있다."(Zausner, 2007, p.76). 인간은 생각보다 창조적이다. 일상 창의력에 대한 이론은 우리가 가지고 있는 잠재력에 대해 더 잘 깨닫고 이것이 어떻게 우리의 발전을 위해 사용해야하는 특성인지를 장려하게 된다.

EC의 지지자는 다음과 같습니다.

Maslow(1971), 자기실현 창의력
Richards(1988), 일상의 창의력

리플(1989), 평범한 창의력
가드너(1993) 작은 "c"
Runco(1996) 개인 창의력
Craft(2004) 작은 "c"/ life-wide creativity

일상 창의력은 일상생활 영역에서 창조성이 발견 될 수 있다는 믿음에 기반 한다(Maslow, 1971 : Ripple, 1989, Runco, 2004, Ivcevic & Mayer, 2009). 특별한 사람, 특히 재능 있는 사람, 또는 예술에 능숙한 사람을 위해 마련된 것은 아니라는 것이다. 그것은 공통된 삶의 환경과 상호작용에서 본래의 적절한 표현을 염두에 두고 있기 때문에 모두를 위한 것이라는 것을 강조한다(Ivcevic & Mayer, 2009).

루스 리차즈(Ruth Richards)는 EC (2007)에 대한이 설명을 우리에게 제공한다. "창의력은 도처에 있고 우리 모두 안에 드러납니다. 예술/저명한 창조성뿐만 아니라 우리 삶의 새롭고 유연한 혁신에 관한 것이다." "일상은 우리를 더욱 건강하고 건강하게 만들어줌으로써 우리가 성장하고 세계와 연결되는 데 도움이 된다." 일상은 우리가 일상적인 노력에서 창조성을 높이는 데 도움이 된다. 창의력은 장애물에서 벗어나 개방적인 능력에 뿌리를 두고 있다. 경험은 모호함에 대한 개방성이며 아이디어가 된다. 하나는 비방어적이고 셀프 서비스를 넘어서고, 보다 통합되고, 마음과 몸 치유와 내면의 단합을 위해 열려 있어야 한다.

일상은 전반적인 행복 경로, 즉 기분이 좋은(!) 성장과 개발의 창조적 경로를 제공한다. 일상은 우리에게 영감을 주며, 깊은 자기 지식/지식/이해를 가져오고, 삶에 의미 있는 공헌을 하게 된다. 창의력을 위해 일상에서의 자기 인식이 필요하며 "어린애 같은 즐거움과 기쁨으로 단련된 보다 성숙한 지식"이 필요하다(Richards, 2007).

EC의 특징 이 아닌 것은 무엇입니까 ?
EC는 생존과 지속적인 개발을 위한 "여분의" 기능이 아니라 필수적인 기능입니다.

일상은 특별한 삶의 영역에만 국한되지 않습니다. 개인의 일상적 변화가 아닌, 깊은 헌신과 위험을 감수하는 중요한 기업이면서 개인적인 변화를 가능 하게 한다. 일상은 개인 및 환경을 통해 삶에 접근하는 건강한 방법이다. 일상은 우리를 더 의미 있게 우리 세계와 연결시켜 주며, 우리가 다른 사람들의 창의력을 적극적으로 창조하거나 감상 할 수 있음을 인정하게 만든다. 합니다.

우리의 지각은 우리를 인도하며 그에 따라 행동한다. 그렇기 때문에 우리가 창조적인 것으로 분류한 것, 창조적인 사람과 방법은 창조적 행위, 사람 및 제품에 대한 평가를 안내하게 된다. 우리는 어떤 것을 인정하고 다른 것을 무시할 수 있다.

리차드 리플(Richard E. Ripple/1989)은 독창성에 대한 개

넘은 수준과 정도가 다르거나 연속체에 존재하는 것으로 보아 창의성에 대한 독창적 인 행위에 대한 타당성이나 조사를 부정하지 않았다. 일상은 특이한 창조성에 대한 개념을 풍부하게 할 수 있다. 희귀한 순간에 특별한 개인의 특별한 영역으로서의 독창성을 보기 위해서는 신비의 매력이 있어야만 한다. "창의력의 위대한 순간"을 지켜보는 매력, 그것은 창의력에 대한 교육 심리학의 관점에서 인재 잠재력이 될 것이다.

인간은 음식을 좋아하고, 부엌에서 새로운 것을 시도하는 것을 좋아하며, 정직한 영감의 원천인 사람과 주변의 장소, 사랑과 나로 하여금 그것을 나눌 수 있는 자신의 역할로부터 창의력을 얻을 수 있다.

일상에서 다른 사람들과의 상호 작용을 통해 다양한 창조적 노력을 문서화 하고, 이를 내 연구 내에서 이론 및 경험적 연구로 되돌려 볼 수 있다. 일상에서 나는 매체와 상관없이 예술 작품에 대해 배우는 것을 즐길 수 있다. 그리고 나는 나의 예술과 아이디어를 다른 사람들과 공유하여 공동체 내의 다른 사람들과 연결할 수 있는 것을 목표 둘 때에 창의력은 나타날 수 있다.

8. 몬테소리교육과 창의력

"사물의 특성에 대한 모든 차등 세부 사항에 대한 정확한 인식을 준비하는 감각 교육은 사물을 관찰하는 기초이다... 그것은 상상력을 위한 물질을 외부세계로부터 수집하는 데 도움이 된다."   *－Maria Montessori－*

요약하면, 몬테소리의 방법은 간접적으로 창의력을 개발하는 것이다. 그녀의 개인적인 믿음은 창의력이 자연 세계를 반영한 것이라고 주장했다. 창조성은 일반적으로 예술 제작과 관련되어 있지만, 몬테소리의 방법은 이것이 항상 그런 것은 아니라는 것을 증명하였다. 문제 해결은 창의적인 솔루션을 개발하는 데 중요한 역할을 하였다. 예술 통합은 몬테소리(Montessori) 방법을 배우는 데 중요한 역할을 한다. 몬테소리는 학생들이 추상적으로 또는 상상력으로 그리는 것을 좋아하지 않았으며, 자연의 예술적 모방을 중요하게 평가했다.

창의력과 문제해결 간의 연결 고리는 지난 수십 년 동안 많은 관심을 불러 일으켰다(Ruscio and Amabile, 1999). 몬테소리방법은 학생들이 강한 문제해결 기술을 개발하도록 도와주는 것이다.

몬테소리는 판타지를 믿지 않았다. 주로 동화에 대한 아이들의 무관심에 대한 관찰이었다(Lillard, 2005). 몬테소리는 독실한 카톨릭 신자였으며, 현실에서 벗어난 것은 죄라고 믿었다. 그녀는 아이들의 추상적인 그림이 원시적이고 끔찍하다고 믿었다. 이를 반박하기 위해 몬테소리는 아이들이 영감을 얻었을 때만 자연에서 끌어내기 위해 영감을 받을 것을 권고했다(Montessori, 1978). 그녀는 어린이들이 필요할 때만 작품을 만들 것이라고 믿었다. 그 무엇인가가 그들을 산만하게하고 그것을 포기할 때까지는 예술품을 만들 것이라고 믿었다. 이것은 자신의 프로그램에서 어린 아이들을 관찰 한 결과이다.

1) 몬테소리 환경

몬테소리 환경은 자연에서의 활동을 촉진한다. Montessori 교실을 처음 보는 것은 독특한 환경이기 때문이다. 몬테소리는 각 테이블 위에 신선한 꽃을 심어 학생들이 자연의 아름다움에 빠져 미적 감각을 키울 것이라고 믿었다(Turner, 1982). Montessori 환경은 학생들을 위해 만들어졌다. 몬테소리는 유연한 환경을 믿었는데, 이는 바닥에 책상이 설치되지 않았음을 의미한다. 각 방에는 아이들을 위한 적절한 가구가 있다. 책상과 의자는 작은 것이기에 충분히 작으며, 재료 보관 선반은 호기심 많은 사람들을 초대한다. 수업 자료는 학생들이 함께 작업 할 수 있도록 열려 있다. 각 몬테소리 자료는 특정 목적을 위해 개발되었으며, 몬테소리는 학생

들이 그 대상의 의도와 다른 것을 허용하지 않는 것에 대해
확고 했다(Montessori, 2010). 그러나 최근 Montessori 방
법에 대한 재해석은 Montessori 자료를 사용하여 다른 사고
방식을 환영하고 있다. 몬테소리는 어린이가 성장함에 따라
자기 탐험과 발견은 자기 인식을 개발하는 가장 중요한 주제
중 2 가지라고 주장했다.

참고문헌

Dreyer, A., & Rigler, D. (1969). Montessori와 탁아소 어린이의
    인지 능력. Journal of Educational Research , 62 (9), 411-416.
Gitter, L. (1973). 미술 교육에 대한 몬테소리의 접근 방식 . B.
    Straub Publishing Company.
Kramer, R. (1988). 마리아 몬테소리 (Maria Montessori) : 약력 .
    시카고 : 시카고 대학 출판부.
Lillard, A. (2005). 몬테소리 : 천재의 과학 . 뉴욕 : Oxford
    University Press.
Montessori, M. (1912). 몬테소리 방법 : "어린이집"에서 아동 교육에
    적용되는 과학 교육학 . 뉴욕 : Frederick A Stokes Company.
Ruscio, A., & Amabile, T. (1999). 문제 해결 창의력에 대한 수업
    스타일의 영향. Creativity Research Journal , 12 (4), 251-268.
Turner, J. (1982). 예술과 몬테소리 . 건설 삼각형, 9 (2), 4-41.

9. 교실에서의 창의력

창의성이 수십 년 동안 상승한 이후, 특히 유치원에서 3학년 유아의 창의성 점수는 지난 20년 동안 떨어졌다(Kim, 2011). 그 원인은 분명하지 않지만 현대 어린이들의 요구에 부응하기 위해 교실을 채택한 것이다. 학생들이 배우고 창의력을 발휘하기 위해서 편안하고 자극적인 교실환경이 필요하다.

실습 자료

열린 교실에 대한 토론에서 Ramey와 Piper는 학생들이 물건을 물리적으로 조작 할 수 있는 충분한 기회를 가져야한다고 주장했다(1974). 학생들은 단어가 다른 단어와 어떻게 그룹화 되는지를 배운다. 활동성 있는 교실 공간과 재료 바구니는 창의력에 도움이 된다. Roskos와 Neuman은 읽기 쓰기 교실 디자인, 특히 "놀이 영역"에 포함시켜 도서에 작은 손이 닿은 공간을 주장했다.

좌석

왜 우리 모두가 줄을 서면서 활동했는지 궁금해 한 적이 있습니까? 연구에 따르면 책상의 전통적인 행은 덜 세심한 학생들의 집중과 과제에 집중하는 데 특히 효과적 이었다 (Higgins, et al., 2005)! 그러나 현대 교육 과정에서는 콘텐츠 제공 및 개인 작업 이상의 것을 요구하므로 토론 및 그룹 활동 중 유연성 증대가 중요시 되고 있다. Maddern은 다음과 같은 방법으로 교실의 필요를 충족시키는 좌석을 권장합니다.

강   의: 개별 책상 (행 단위)
만 들 기: 공유 – 작은 원탁
의사소통: 하나의 큰 테이블
의사결정: 정사각형 테이블

학생들은 행렬에 앉아있을 때 보다 이 구성에서 더 많은 질문을 하는 것으로 나타났으므로 선생님은 강의와 수업 토론을 위해 말굽 모양의 배열이 좋다(Higgins, et al., 2005). 의자와 책상을 신속하고 조용하게 움직일 수 있도록 학생을 교육하는 것 또한 중요하다(Maddern, 2011).

조명 및 색상

생산적이고 창조적 인 태도를 취하기 위해서는 어린이들이 주의를 산만하게하거나 성가신 환경에 괴롭혀서는 안 된다. 연구자들은 조명과 관련된 많은 이슈에 동의하지 않았다. 어떤 사람들은 나쁜 조명 상태가 기분이나 수행에 거의 영향을 미치지 않는 반면, 다른 사람들은 결석 증가와 치아 충치 및 체중 증가 증가와 같은 부정적인 영향을 발견했다는 증거를 발견했다(Higgins, et al., 2005). 마찬가지로 교실에서 적절한 색상 사용에 대한 의견이 많이 있다. 일부 연구자는 남자와 여자는 색채 선호도가 다르다고 주장하지만 다른 사람들은 그 증거가 설득력이 없다고 주장하기도 한다. 그러나 한 연구에 따르면 아이들은 일반적으로 색상에 대한 선호도가 높은 것으로 조사되었다.

과학 기술

Peter H. Reynolds는 국제교육과학 기술협의회 (ISTE)에서 개정 된 표준을 해석함에 있어 네 가지 중요한 점을 제시합니다. 학생과 교사는 다음과 같은 사항을 기대한다.

새로운 아이디어, 새로운 제품 및 새로운 프로세스를 생성한다. 개인적 또는 집단적 표현의 수단으로서 독창적인 저작물을 창조한다. 모델과 시뮬레이션을 사용하여 복잡한 시스템과 문제를 탐구한다.

Reynolds는 현대 교실에서 창의력을 창출하기 위한 제안을 했다. 가장 흥미로운 것 중 하나는 크레용 시대를 미래로

끌어 들이기 위해 그래픽 태블릿을 사용하는 것이다(2008). 태블릿이 점점 더 저렴해지고 무료 그래픽 소프트웨어 (심지어 운영체제)가 성숙되고 사용자 친화적으로 변함에 따라 모든 학생은 이미지 생성 및 조작을 통해 창의력을 표현하는 초기 단계를 시작할 수 있어야 하다는 점이다.

참고문헌

Higgins, S., Wall, K., & Mccaughey, C. (2005). 학교 환경의 영향 : 디자인 협의회를 위해 제작 됨. 커뮤니케이션 , 10, 04-08.

Kim, K. (2011). 창의력 위기 : 토랜스의 창조적 사고 테스트에서 창의적 사고 점수의 감소. Creativity Research Journal , 23 (4), 285-295.

Maddern, K. (2011). 그룹, 열 또는 행의 좌석. Times Educational Supplement, (4964), 4-7.

Matteson, A. (2010). Tweacher (n) : twitter가 교사를 향상 시켰습니다. 월별 학교 도서관, 27 (1), 22-23.

Ramey, CT, & Piper, V. (1974). 개방적이고 전통적인 교실에서의 창의력. 아동 발달, 45 (2), 557-560.

Reynolds, PH (2008). 교실에서 창의력과 혁신을 육성하기위한 6 가지 필수 요소. District Administration, 44 (7), 28-29.

Roskos, K., & Neuman, SB (2011). 교실 환경. 교사, 독서지도 교사, 65 (2), 110 ~ 114.

10. 놀이와 창의력

1) 놀이와 아동발달

놀이는 보편적인 특성이 있다. 인간 놀이, 개 놀이, 새끼 고양이 놀이, 코끼리 놀이, 심지어 내 토끼 놀기 좋아하는 토끼. 놀이는 또한 학습, 인간 발달 및 창의력의 핵심 구성 요소들이다. 놀이는 아이들이 주변 세상을 상황화 하고 이해하고, 문제해결 기술, 사회기술, 조정, 인식 및 운동 기술을 개발할 수 있도록 도움이 된다(Frost 1992, Miller 1972). 심리학자 및 연구원은 아이들이 노는 이유와 놀이가 발달에 어떻게 기여하는지에 대한 많은 이론을 개발했내었다.

1800년대의 쉴러와 스펜서(Schiller and Spencer)를 포함한 초기 이론가들은 과잉 에너지의 결과로 놀이가 이론화되었다는 것을 이론화했다. 이는 아이들이 너무 많은 에너지로 일을 할 때 다시 일할 충분한 에너지를 소모 할 때까지 놀아날 것이라는 점을 지적했다. 흥미롭게도 쉴러와 스펜서는 놀이를 예술의 기원과 동일시했다(Frost, 1992).

다윈은 아이들의 놀이를 진화론과 관련 시켰고, 그의 반복기 이론으로 아이들은 선사 시대 인간과의 연결 고리였으며 놀이를 통해 과거의 관심사와 직업을 다시 제정했다고 믿었다. 예를 들어, 나무를 등반하는 것은 원숭이 같은 조상과의 연결을 보여 주지만 집단 놀이는 종족의 삶을 반영한 것이다. 현대의 이론은 놀이 연구의 초점을 아동 발달로 전환시켰다(Frost, 1992).

지그문트 프로이트 (Sigmund Freud)와 에릭 에릭슨 (Erik Erikson)과 같은 심리학자들은 놀이가 행복하고 건강한 아이를 키우는 데 큰 역할을 했다고 믿었다. 프로이드에게 있어서, 어린이는 놀이를 통해 소망을 성취하고 만족감을 얻을 수 있었고, 더 행복했던 아이를 만든다고 했다.

장 피아제(Jean Piaget)는 인지발달 이론을 개발하면서 놀이는 인지 발달의 매개체이자 결과라고 주장했다. Piaget에 따르면, 아이들은 기술을 습득하고 놀이를 통해 지식을 습득한다고 주장했다. 다른 기술의 숙달을 향한 움직임으로 이끄는 한 기술의 숙달, 보다 진보 된 기술과 지식의 필요를 충족시키기 위한 새로운 종류의 놀이로 발전하게 한다는 것을 주장하기도 했다(Frost, 1992).

2) 놀이의 유형

기능적 놀이(운동 놀이라고도 함)는 어린이가 반복적인 행동을 통해 운동 기술을 습득하는 놀이의 첫 번째 단계로 설명된다. 이것은 일반적으로 유아 및 초기 발달과 관련이 있지만, 어린이와 성인은 특히 스포츠 활동에서 평생 동안 육체적 기술과 업적을 계속 습득게 된다.

건설 놀이 : 건설 놀이는 어떤 형태의 창조를 가져 오는 목적 있는 놀이를 의미한다. 건설 놀이를 통해 아이들은 재료를 사용하고 일반적으로 일종의 최종 목표를 염두에 둔다. 이러한 유형의 놀이는 대개 드라마와 협동 플레이의 증가로 이어지게 된다.

상징적인 놀이 : 상징적 인 놀이는 컵에서 마시는 액체를 상징하기 위해 빈 상자에서 마시는 것과 같이 물건의 믿음과 표상과 가장 관련이 있다. 아이들은 일반적으로 연습과 반복적인 게임에서 더 많은 드라마와 모방을 포함한 게임으로 옮겨 가면서 2살 무렵에 이런 유형의 놀이를 시작하게 된다. 이러한 유형의 놀이는 아이들이 행동하고 주변 세상을 더 잘 이해할 수 있다.

Games with Rules: 규칙이 있는 게임은 놀이와 관련하여 가장 높은 형태의 인지발달을 돕는다고 했다. 규칙을 사용하여 게임을 할 때 아이들은 주어진 상황과 규칙에 따라 다른 어린이/성인과 상호작용할 수 있게 된다. 아이들은 한계 내에서 자신의 행동을 통제하고 특정 기술을 개발하는 것을 배우는 반면, 사회-극적인 놀이는 전반적인 사회적 및 지적 발달에 더 관심을 두게 된다(Frost, 1992, Miller, 1972).

"놀이는 발견, 구두 심판 및 추론으로 이어진다. 그것은 조작 기술, 상상력이 풍부한 예술, 발견, 추론에도 중요하다" (Isaacs, 1933, Frost, 1992, p.18 참조).

"물체를 가지고 노는 것은 물체에 대한 분기 생산 또는 더 많은 사용을 가져온다." (Frost, 1992; Sutton-Smith, 1968, Goodnow, 1969, Dansky, 1980),

"놀이 문제 해결을 돕는다" (Sylva, 1977; Smith & Dutton, 1979; , 1992, p.18).

Divergent production은 "놀이는 창조성의 지표" 이다.

Divergent play experience는 "개선 된 문제 해결을 가져온다" (Sutton-Smith, 1968; Dansky & Silverman, 1973; Dansky, 1980, Frost, 1992, p.18 참조).

"놀이는 아동 발달에 없어서는 안 될 요소이며, 이는 학습과 발달의 자연스러운 과정이며 결과적으로 교육 과정에서 중요한 요소이다" (Frost 1992, p.19).

"상상력을 자극하는 '놀이' 는 어린 두뇌는 상징적이며 추상적인 사고의 영역에서 어린이들이 자신의 경험을 재생산 할 수 있게 하여 아이들을 돕고, 이해하고 내면화시킨다. "(White, 2008, p.88).

"어린이 놀이는 자발성, 자유, 창조성, 발견, 기쁨" 이다 (Miller, 1962, p.7).

"놀이의 종류에 따라 아이들은 자신의 생각을 선택하고 사용할 기회를 갖는다. 놀이는 자발적이며 자발적이기 때문에 자유와 자기표현을 촉진한다." (White, 2008, p.7).

그렇다면 놀이는 창의력과 놀이터와 어떤 관련이 있을까? 아동 발달의 핵심 부분으로서 놀이는 창의력 발달에도 중요 하게 작용한다. 놀이는 아이들이 사회-극적인 놀이와 건설 적인 놀이를 통해 상상하고, 가장하고, 창조 할 수 있는 기회 를 제공한다(White, 2008; Frost 1992). 놀이는 종종 자발 적이고 독창적이며 부적합한 경우가 있다. 놀이는 또한 아동 들이 사물과 상황을 해석하고 새로운 방식으로 조합 할 수 있는 기회를 통해 발산적 사고와 문제 해결능력 (종종 창조 성의 강한 지표로 여겨지는)을 개발하도록 도움을 준다. 다 양한 방식의 놀이는 신체적, 지적, 정서적, 사회적 기술의 건강한 발달에 기여하며, 건강하고 행복한 성인의 개발을 이끌어낸다.

Maslow에 따르면, 창조적인 추구를 위해 놀이는 더 잘 갖추어 져야 한다. 놀이는 쾌활함 많은 창조적인 사람들이 자신의 능력을 창출 할 수 있는 강력한 요소였다는 점을 주장했다. 놀이는 어린이와 어른들이 세계에 대한 이해와 아이디어를 형성하고, 휴식과 재충전, 새로운 세계와 개념의 상상, 창의력의 성장과 적용에 중요한 요소인 주변 세계의 재건을 가능하게 한다.

위에서 논의한 것처럼 다양한 유형의 신체적 및 인지적 발달에 중요한 다양한 형태의 놀이가 있다. 공간의 변화와 놀이의 기회는 놀이터에서 놀고 있는 건강하고 창조적인 사람들의 발달에도 매우 중요 하다. 야외 놀이 공간에는 아동 발달 및 창의력에 다음과 같은 여러 가지 이점이 있다.

상상력과 창의력, 대인관계, 사랑과 존경심, 공동체 의식, 발산적 사고 등이다.

3) 놀이장소

가. 전통적인 놀이터

전통 놀이터는 미국의 대부분의 학교와 공원에서 볼 수 있다. 전통놀이는 신체놀이, 운동능력 및 증기를 굽기에 초점을 맞추었다. 도시지역에서 특히 그들은 검은색을 띠는 경향이 있으며, 그네, 슬라이드, 시소 및 등산가와 같은 강철 또는 플라스틱 구조물을 갖추고 있다. 이러한 놀이터들은 종종 평평하며 자연스런 공간이나 극적인 놀이, 믿음, 상징적 또는 건설적인 놀이에 대한 영감이 부족하다(Frost, 1992; Miller, 1972).

나. 디자이너 운동장

레크리에이션, 교육, 디자인 및 건축 전문가가 설계 한 놀이터. 그들은 아이들의 발달 요구를 충족시키고 미적으로 기분 좋은 공간을 제공하는 것에 더 중점을 둔다. 그들은 일반적으로 더 크고 개방적이며 전통적인 것보다 넓은 범위의 활동을 허용한다.

다. 모험(adventure) 놀이터

모험 놀이터는 미국보다 유럽에서 더 잘 알려져 있다. 조경사 C.Th.가 제2차 세계대전 이후 처음으로 덴마크에 도입되었다. 어드벤처 놀이터는 아이들이 자신의 환경을 만들고 지을 수있는 공간을 제공합니다. 소렌슨(Sorenson)은 아이들은 완성된 놀이터보다 건설 현장에서 고철 재료를 가지고 노는 것을 주장했다. 재생, 발견 및 기타 자료 및 훈련 된 연극 지도자의 도움으로 어린이는 오두막, 벽, 요새, 정원, 터널 등을 만들 수 있다. 지역 사회에 언제나 예술적으로 만족할 만한 것은 아니지만 놀이터는 놀이 구조물, 건축물 활동, 재료와 공간의 역할 연기, 공간을 차갑게 하며, 아이들이 놀고 표현할 수 있는 자유공간이어야 한다(Frost, 1992; Miller, 1972).

유명한 미국 모험 놀이터는 1979년에 지어진 휴스턴의 텍사스 주 휴스턴에 있는 마운틴 파크(Mountain Park이다. 마운틴 파크에서 한 어린이는 "내 팔보다 약간 더 비행기를 만들었기 때문에 나의 가장 좋아하는 부분은 목공이었다.

마. 재창조와 놀이터

재창조 놀이터는 종종 위의 놀이터 유형의 융합이다. 재창조 놀이터는 저렴한 비용으로 다양한 놀이의 가능성을 아이들에게 제공된다. 이러한 이유로 그들은 재활용된 물질과 발견된 물체로 만들어지는 경우가 많다. 이러한 유형의 놀이터는 흔히 커뮤니티 이니셔티브에서 생겨나 고 다른 놀이터 유형보다 훨씬 많은 공동체 협력을 포함한다(Miller, 1972).

창의력과 발달을 자극하기 위해 어떤 종류의 것들이 놀이터에 있어야 합니까? 아이들에게 언제나 그들이 원하는 것을 물어볼 수 있습니다! 등반 구조물, 달리기 길, 원숭이 봉 및 밧줄 다리와 같은 육체 놀이 및 운동 기술 개발을 촉진시키는 장비 버킷, 바구니, 가지, 잔가지, 도구, 모래 및 물과 같은 건설적인 놀이들이다.

극적인 놀이를 고무시키는 구조 또는 공간; 클럽 하우스, 마법의 장소, 터널, 비밀 구석과 은신처, 자동차, 보트, 기타 발견 된 물건, 자연 요소, 비어있는 로그, 로프 다리 또는 트롤 다리, 연못, 텐트 또는 티피 나무 뗏목, 축구 및 기타 볼 게임과 같은 대규모 게임 및 스포츠를 위한 공간, 자연 공간 및 재료, 구조와 요소를 대규모 사회 – 극적 놀이로 결합시키는 데 도움이 되는 레이아웃이다(Frost, 1992, Senda 1992).

11. 웹(Web) 과 창의력

"나는 항상 정보 공간을 모든 사람이 즉각적이고 직관적 인 접근 방식으로 상상해 왔으며, 단지 탐색하고 창조하는 것이 아니라 정보 공간을 상상해왔다." -팀 버너스 리-

웹 2.0의 등장은 지난 10년 동안 "웹 2.0"이라는 인터넷의 새로운 패러다임이 등장했다. 웹 2.0 응용 프로그램의 인기와 가용성이 높아짐에 따라 사용자 중심의 컴퓨팅 및 인터넷 환경이 개선되었다. 혁신적인 변화는 웹 2.0 패러다임에 따라 인터넷에서 콘텐츠가 어떻게 생성되는지에 따라 달라질 수 있었다(Cormode & Krishnamurthy, 2008; Greenhow, Robelia, & Hughes, 2009, Ravenscroft, 2009). 1990년대 후반과 2000년대 초반에는 웹 2.0이라고 불리는 새로운 도구로 인해 콘텐츠 생성 및 프로그래밍의 장벽이 서서히 사라지기 때문에 사용자가 생성하는 하향식 패러다임이 사용자를 향해 이동하기 시작했다. 콘텐츠를 웹에 게시 할 수 있습니다(Greenhow 외., 2009). 이 변환은 블로깅의 형태로 초기에 가장 분명했다. YouTube는 새로운 콘텐츠가 너무 많으며 일부는 상당히 복잡하고 창의적이다. 모든 작품이 독창적이고 혁신적이며 창조적입니까? 아니, 그렇지 않아. 사실, 그것의 대다수는 적어도 사물의 거대한 계획에 있지 않다. 그러나 많은 사용자에게 생성된 콘텐츠는 독창적이고 혁신적이며 독창적이다. 이러한 Web 2.0 도구 및 사이트는 사용자에게 독창적인 아울렛, 즉 자기 표현의 수단을 제공했다. 이 콘텐츠의 대부분을 매우 창의적인 의미로 '창의적' 이라고 명명할 수 있다.

웹 2.0의 토론과 관련된 동기부여 이론은 사람들이 선천적인 심리적 요구를 가지고 있고 그들에 의해 동기 부여 받았다고 주장하는 Deci and Ryan (2000)의 자기 결정 이론(SDT)이다. SDT는 다른 사람들에게 동기를 부여하는 데 필요한 목표뿐만 아니라 심리적 요구의 중요성을 조사하기로 선택한다. SDT에 따르면 자율성, 관련성 및 역량의 세 가지 심리적 요구는 특히 교육 목표의 맥락에서 사람들에게 동기를 부여하는 요소를 이해하는 데 필수적이다(Deci & Ryan, 2000). Deci와 Ryan의 작품은 대부분 교육의 본질적인 동기부여, 외부보다는 오히려 내부에서 오는 동기에 중점을 둔다 (Chen & Jang, 2010, Covington, 2000, Deci & Ryan, 1985a, Deci & Ryan, 2000, Dickinson, 1995, Ryan & Deci , 2000c).

이와는 대조적으로, 외재적 동기 부여는 누군가에게 동기를 부여하여 업무를 배우거나 수행하는 외부 압력 또는 보상 약속과 관련됩니다. 전통적인 K-12 교실 환경에서의 외재 동기 부여의 몇 가지 예로는 학년, 성공하기 위한 부모의 압박, 여분의 학점 또는 여분의 휴식 시간 약속, 연말 상 및 인정, 또는 다른 많은 것들 사이의 학급 칭찬이 포함될 수 있다. 여기서 핵심은 동기 부여가 본질적으로가 아니라 내재적으로 오는 것이 아니라(Pintrich & Schunk, 2002; Ryan & Deci, 2000c; Schunk, 2008). 학교에서 창의적으로 보이는 임무가 주어지더라도 학생들은 보상에 대한 약속이나 실패 시 부정적인 결과가 발생할 수 있는 가능성과 같이 통제 대상이 아닌 사람과 요인에 의해 동기부여를 받게 되었다.

12. 게임(Game)과 창의력

성공하기 위해서는 게임 플레이어가 창의적이어야 한다고 종종 이론화 된다. 이 이론의 또 다른 측면은 게임을 통해 창의력 을 가르치거나 홍보 할 수 있다는 것이다. 게임은 창의적인 사고를 장려하는 장난기 있는 활동으로 홍보 될 수 있다. 창의력 습득에 대한 책은 아이들에게 창의력을 가르치는 효과적인 방법으로 게임 플레이를 권장한다. 이 책은 브레인 스토밍과 같은 정신운동을 창의력에서 중요한 유창한 과정을 즐길 수 있는 방법으로 권장한다. 그러나 최근에는 중독성 행동과 관련이 있는 비디오 게임과 과도한 폭력에 대한 친화력 및 창의력에 대한 최근 관심이 집중되었다.

비디오 게임은 아이들에게 인기 있는 레크리에이션 활동이다. 게임을 가장 재미있게 만든 성격에 따라 게임 순위를 매길 때, 아이들은 논리, 기억 및 문제 해결과 같은 게임 구성 요소를 가장 중요한 게임 요소로 꼽았다. 최근의 연구 미시간 대학에서 수행 비디오 게임을 학생들이 비디오 게임을 하지 않은 학생들보다 더 창조적 사고(형상으로 이루어진)의 시험에서 높은 점수 것을 발견했다. 또한, 소년들은 스포츠와 폭력이 관련된 게임을 선호하는 반면, 소녀들은 상호 작용을 강조하는 게임을 선호했지만, 성별 그룹 간에는 점수에 큰 차이가 없었다.

창의적이고 역동적인 작업 환경을 구현할 수 있도록 게임

을 개발할 수 있다. 게임은 작업 공간의 창조적인 혼란에 구
조를 가져 오는 방법으로 시각화 되었다. 게임은 고립되어
일하는 사람들을 연결하고 아이디어와 열정을 공유 할 수 있
는 방법이다. 기업들은 게임을 창의력 증진시키기 위해 특별
히 고안된 비즈니스 세미나 및 워크숍을 위한 교육 활동으로
개발 하고 있다.

컴퓨터 과학 분야는 복잡한 게임을 하기 위해 기계를 프로
그래밍 할 때 20세기 말에 커다란 진전을 이루었다. 특히 지
난 10년 동안 컴퓨터가 인간을 능가하는 것으로 나타났다.
컴퓨터는 프로그래머의 독창성을 반영한다. 물론 컴퓨터가
데이터를 저장하고 검색 할 수 있지만 IBM Watson 컴퓨터
프로그래머는 Jeopardy와 같은 게임 쇼의 단서와 약간의 말
도 안 되는 문장을 해석 할 수 있는 프로그램을 만들 수 있
었고 인간의 챔피언을 쉽게 물리 칠 수 있었다.

1) 인공 지능의 창의성 : 컴퓨터의 사고방식

컴퓨터 체스 프로그램은 1990년대에 강점을 발휘하여 놀
라운 성장을 이루었다. 최고급 컴퓨터는 심지어 1990년대
초반까지도 세계 엘리트 체스 그랜드 마스터와 겨우 경쟁 할
수 없었지만 진정으로 놀라운 변화가 일어났다. 세계 챔피언
인 게리 카스파로프(Garry Kasparov)와 IBM의 딥 블루

(Deep Blue) 사이에서 가장 널리 공표 된 인간 대 컴퓨터 경기가 있었던 것으로 추정된다. 현대 컴퓨터가 접근 할 수 없는 것이 창조론이다. Deep Blue의 처리 능력이 이전의 체스 재생기보다 훨씬 우수하다는 것은 사실이지만, 이 요소는 성공을 위한 가장 중요한 요소는 아다. Deep Blue의 처리 능력을 갖춘 컴퓨터는 모든 가능한 체스 위치를 계산하기 위해 UNIVERSE의 수명을 수백만(가장 보수적 인 추정치만큼) 걸렸을 것이다.

컴퓨터의 검색 프로그래밍보다 더 중요한 것은 평가 기능이다. 컴퓨터 체스(그리고 문자 적으로 모든 게임) 프로그램의 이러한 측면은 인간 창의력의 진정한 승리이다. 평가 기능은 한 선수가 다른 선수보다 더 유리한지 여부를 결정하는 방법을 컴퓨터에 알려준다. 사람의 경우 평가 기능은 컴퓨터의 구체적인 작동에 이해할 수없는 장기적인 요소에 기인한다. 따라서 인공지능 분야의 프로그래머들은 최고의 선수들의 의견과 일치하는 평가 기능을 만들 수 있었다.

비디오 게임을 통한 창의성은 학생 모두 창의력에 대한 강력한 촉매제가 될 수 있다. 물론 비디오 게임을 통한 창의력이 아닌 게임중독은 문제가 된다. 비디오 게임을 좋아하는 아이들은 중독자 였다. 그러나 음악을 좋아하는 아이들은 음악가였다. 이 불일치는 비디오 게임과 창의력에 대한 연구를 찾는 동기를 제공할 수 있다. 비디오 게임의 창조적 측면을 개괄적으로 설명하기 시작할 수 있다. 게임의 공간은 창조적

인 세계 또는 아이들이 상상력과 추론 능력을 발휘할 수 있
는 공간이 될 수 있다. 인공 능과 게임에 내재 된 놀라움, 아
름다움, 창조적인 힘과 잠재력을 전달하는 것과 거의 일치
할 수는 없지만, 전반적인 측면에서 긍정적인 인상을 주기에
충분하다.

비디오 게임을 아이들에게 인기 있는 레크리에이션 활동으
로 만든 특정 요소를 격리하려고 시도할 수 있다. 게임을 가
장 재미있게 만든 성격에 따라 게임 순위를 매길 때, 아이들
은 논리, 기억 및 문제 해결과 같은 게임 구성 요소를 가장
중요한 게임 요소로 꼽았다.

13. 피부자아와 창의력

정신분석가이자 심리학 교수였던 프랑스 정신분석학 학자 디디에 앙지외(Didier Anzieu)2)는 '피부자아' 즉, '피부는 자아' 주장으로 세계적인 명성을 얻었다. 앙지외에 따르면, 경계선 장애 환자는 심리적 자아와 신체적 자아, 현실의 자아와 이상적 자아, 자기에게 소속된 것과 타인에게 소속된 것 사이의 경계들을 확신하지 못하고, 이러한 경계들이 심한 우울증과 함께 급작스럽게 변동되는 것처럼 느끼기도 한다는 것이다. 또한 이들은 성감대를 다른 신체부위와 구분하지 못하거나, 기분 좋은 경험들과 고통스러운 경험들을 혼동하고,

---

2) 디디에 앙지외(DIDIER ANZIEU)는 프랑스 정신분석가, 심리학 교수. 1923년 파리근교 믈룅(MELUN)에서 태어나 1999년 파리에서 사망. 자크 라캉(JACQUES LACAN)의 유명한 논문, 인격과의 관계 속에서 편집증적 정신증에 관하여(1932)의 기초가 된 '에메(AIMEE) 사례' 주인공의 아들. 본인은 이 사실을 모른 채 라캉으로부터 4년 동안 분석 수련을 받음. 이 후 디디에 앙지외가 벌였던 반-라캉 운동과 개인적인 악연의 연관성을 찾는 사람들도 있음. 구조주의, 언어학, 철학을 정신분석에 도입한 라캉주의 흐름과는 달리, 실용적인 정신분석기법들의 적극적인 수용을 주장함. 사이코 드라마, 그룹 치료, 투사 검사, 볼비(BOWLBY)의 애착 이론 등을 프랑스에 최초로 도입. 국제정신분석협회에 소속된 프랑스정신분석협회 ASSOCIATION PSYCHANALYTIQUE DE FRANCE(APF)를 다니엘 라가슈(DANIEL LAGACHE)와 함께 창설함. '자아는 피부다' 라는 획기적인 발상을 담은 정신분석기법, '피부자아' 를 발표함으로써 정신분석학계에서 국제적인 명성을 얻었고 이를 바탕으로 한 대표작, 피부자아(LE MOI-PEAU)는 다양한 실제 정신분석 사례들을 통해 경계선 장애, 자기애적 성격장애 등, 현대적인 정신병리들을 파헤침으로써 정신분석학과 임상심리학 분야의 고전이 됨.

자신이 느끼는 욕동들을 잘 식별하지 못한다. 더불어 약화되거나 제 기능을 하지 못하는 심리적 싸개로 인해서 자기애적인 상처를 받기 쉽고, 불쾌감이 퍼져나가는 느낌, 자신의 삶을 살고 있지 않다는 느낌, 자신의 신체와 사고가 작용하는 것을 외부에서 보는 듯한 느낌, 자신의 존재이기도 하고 동시에 자신의 존재가 아닌 어떤 것을 지켜보는 듯한 느낌을 동반하기도 한다고 주장했다.

생명과 환경의 물리적 경계선은 '피부' 이다. 사람은 피부가 없으면 살아갈 수가 없으며 피부는 우리를 지켜주는 보호막임에 동시에 나와 대상을 구분할 수 있는 '경계선' 이라는 것이 앙지의 주장이다. 피부는 자아가 없다고 생각하는데 피부도 자아가 있다는 것이다. 사람의 장기도 뇌에 해당이 된다는 것이다. 다만 우리가 말하는 뇌가 이들보다 더 많은 해석과 기능을 하다는 점이다. 따라서 피부역시 생각을 하며 스스로 정보를 모으고 반응을 스스로 한다는 것이다. 피부는 자기 일을 다 하며 각질이라는 것을 생성 하며 자신의 일을 마치게 된다. 이는 자극이 오면 그 자극을 수용을 해서 신경에 전달을 하는 것으로 여겼다. 하지만 자극이 오면 표피에서 먼저 정보처리를 하고 그 자극을 수용한 다음에 신경을 전달을 한다. 사람의 몸에는 여러 가지 기능을 하는 것이 사람의 신체이다. 뇌가 마음이 아다. 사람의 몸 전체가 마음의 덩어리이다 사람의 눈이 착각을 일으키듯이, 피부과 장기도 착각을 일으키며 이러한 것은 여러 분야 신체에 영향을 미친다는 점이다.

사람의 마음은 아주 복잡하다. 그렇게 쉽게 단정 지어 결정지어야 할 대상이 아니다. 결림은 등 뒤를 타고 견갑골을 잡고 나중에 심장에 영향을 준다. 이것은 신체가 긴장을 하여 긴장한 상태로 머무르고 있음을 의미한다. 긴장을 한 후 이완을 해야 하는데 몸이 그것을 잊어버리고 긴장한 상태가 정상이라고 알고 있는 것이다. 그렇기에 견갑골을 풀어주는 운동을 하면 좋다. 견갑골을 푸는 방법은 누가 도와주어야 한다. 몸에 긴장을 풀어주시면 좀 더 좋아진다. 그리고 호흡이 자연스럽게 편해지면 좀 더 치료 효과가 나타난다.

피부가 신체를 감싸듯이, 자아가 심리 전체를 감싼다는 의미에서 앙지외는 자아를 피부에 비유하고, 그러한 특성을 강조하여 '피부자아' 라는 용어와 개념을 발전시켰다. 그리고 앙지외는 피부자아를 '심리적 싸개(enveloppes psychiques)' 의 개념으로 확장시켰다. 다양한 감각들로부터 비롯된 이런 심리적 싸개들이 서로 끼워 맞추어지고 포개어져서 일종의 심리장치의 표면으로서의 자아를 구성하고, 이 표면은 나 자신과 세상의 '경계' 가 된다는 것이다.

심리적 불안은 어머니의 안아주기를 통해 적절하게 해결되지 않을 경우, 아기는 언제 떨어질지도 모르는 불안으로부터 스스로를 방아하기 위해서 자기의 피부근육을 과도하게 발달시키거나 과도한 몸의 움직임을 통해서 자기가 감싸인다는 인위적인 느낌을 추구하는 경우도 있다는 것이다. 생물학적

법칙에 따르면 어떤 기능이 더 빨리 나타나면, 그것은 더 중요한 것이 될 확률이 크다. 한편 여러 가지 감각기관(촉각, 압력, 통증, 열기 등을 감지하는)의 체계인 피부는 다른 외부 감각기관들(청각, 시각, 후각, 미각), 운동감각, 그리고 평형감각 등과도 자체적으로 밀접한 연관을 가지고 있다. 신생아 때는 피부의 복합적인 감각(촉각, 열, 통증 등에 대한)이 오랫동안 산만하고 미분화된 채 남아있다. 그러다가 피부는 점차적으로 민감한 감각기관으로 변모 해 간다. 즉 여러 가지 다른 유형의 감각들을 느낄 수 있게 되고(주도권의 기능), 그 감각들을 피부와 연결시키거나(연결기능) 혹은 분별해내고, 신체의 전체 표면이라는 하나의 배경으로부터 떠오르는 형상들로서 그러한 감각들을 위치시킬 수 있게 되는 것이다 (스크린의 기능).

피부는 귀보다는 못하지만 시간을 판단할 수 있고, 눈보다는 못하지만 공간을 측정할 수 있다. 그리고 공간적인 차원과 시간적인 차원을 조합할 수 있는 것은 오직 피부뿐이다. 피부는 멀어지는 소리로부터 우리의 양쪽 귀가 거리를 측정하는 것보다 더 정확하게 자신의 표면으로부터 어떤 물체까지의 거리를 측정할 수 있다. 우리는 피부 위에 전기 자극의 형태로 알파벳을 전달할 수 있고, 이러한 방식으로 시각 장애인들에게 알파벳을 가르칠 수 있다. 그리고 피부는 다른 감각기관과는 달리 거의 항상 그 어떤 방해도 없이 신호들을 받아들이거나 정보를 배울 수 있다.

"헬렌 켈러와 로라 브리지먼은 시각장애와 청각장애로 세상과 단절되었으나 피부를 통한 의사소통은 배울 수 있었다."

역으로 보면 피부는 눈을 감거나 입을 닫는 것처럼 피부를 닫을 수 없고, 귀와 코를 막는 것처럼 피부를 막을 수 없다. 피부는 어떤 것을 전달하기 위해서 말과 글을 사용할 때처럼 거추장스러운 표현을 사용하지 않아도 된다. 피부는 하나의 감각기관 이상이다. 피부는 다양한 생물학적 기능을 부가적으로 수행하고 있기 때문이다. 피부는 숨을 쉬고, 분비하고, 배설하며, 근육조직의 긴장을 유지하고 호흡, 순환, 소화, 배설, 그리고 출산을 자극한다. 또한 피부는 신진대사 기능에도 참여한다. 피부와 관련된 역설들.. 피부는 투과성이 있으면서도 불투과성 이다. 피부는 피상적이면서도 심층적이다. 피부는 진실하면서도 기만한다. 피부는 자기애적이면서도 성적인 리비도의 투여를 불러일으킨다. 피부는 행복의 장소이면서 유혹의 장소이기도 하다. 피부는 우리에게 즐거움만큼 고통도 제공한다.

피부는 외부 세계에서 오는 정보들을 뇌에 전달하는데, 거기에는 만질 수 없는 메시지도 포함되지만 피부의 기능들 중 하나는 자아가 인식하지 못한 상태에서 어떤 것을 정확하게 '만지는' 것이다. 피부는 뇌를 도와주고 스스로 재생될 수 있지만, 뇌세포는 그렇게 할 수 없다. 피부병학의 자료들에 따르면 우연한 사고를 제외하면 피부병은 스트레스나 감정의

격변과 밀접한 관련이 있다는 것이다.

디디에 앙지외는 1974년 최초의 논문에서 피부자아의 개념을 "아동의 자아가 자신의 신체 표면의 경험에서 출발해서, 자아로서 자기 자신을 재현하기 위해서 발달의 아주 이른 단계에서 사용하는 형상"이라고 정의하였다. 그리고 피부가 우리 인간에게 정신적 영역에 얼마나 큰 영향을 미치는가를 잘 설명하였다. 12감각 책에서 루돌프 슈타이너는 인지학 관점에서 촉각은 철학적이면서 심오한 명제로 규정했다. "우리는 촉각을 통해 우주와 하나였던 상태에서 분리되고, 숙명적으로 그와 다시 마주서게 되며 동시에 그 세계로 돌아가고 싶은 갈망을 느낀다. 이 욕망의 충족을 위해 우리는 끊임없이 더듬어 보지만 언제나 실망하게 된다. 우리는 촉각을 통해 단지 경계를 인식할 뿐이고, 결코 그 세계의 안으로 들어갈 수 없기 때문이다. 촉각으로 인해 그 세계의 근원은 오히려 수수께끼와 같은 비밀에 쌓여있다."

피부자아는 오감을 자극하는 경계선으로 창의력의 시발점이 될 수 있으며 근육과 장기를 자극하고 뇌를 자극하는 시작으로 창의력과 깊은 관련이 있다.

14. 예술(Art)과 창의력

* 어떠한 자연도 예술만 못하지 않다. 예술이 하는 일은 온갖 자연의 일을 흉내 내는 것이다. -아우렐리우스-

* 예술은 경험보다 고상한 형태의 지식이다.
-아리스토텔레스-

* 예술 감각이 사라졌을 때 모든 예술 작품은 사멸한다.
-괴테-

* 예술의 사명은 자연을 모방하는 것이 아니고 자연을 표방(標榜)하는 것이다. -H.발작-

* 예술은 자유롭고 기이하며 능히 경이로운 한 독특한 인간으로부터 탄생하는 것이다. -R.D.메퀴인-

* 예술가의 천직은 사람의 마음의 심연에 빛을 보내는 일이다. -R.A.슈만-

* 예술은 누구의 마음에서도 생긴다. -프랑스 속담-

창의력이 유아교육의 화두가 된 지도 오래 됐었다. 그래서 인지 아이가 창의력이 없다며 병원을 찾는 부모들도 많다. 또한 창의력을 높여 준다는 교재나 교구 앞에서는 고가라 해도 과감히 지갑을 여는 부모들도 많다. 창의력이란 무엇이며, 어떻게 해야 키울 수 있을까? 의 답 중 하나가 예술 활동이다.

1) 창의력 높은 아이들의 특징

창의력을 쉬운 말로 하면 뭔가를 남과 다르게 새로운 눈으로 보는 능력을 말한다. 아이가 엉뚱한 행동을 많이 하면 흔히 창의력이 있다고 생각하지만 무조건 그렇다고 말할 수는 없습니다. 창의력에 대한 여러 학자들의 연구 결과를 종합해 보면 창의력 있는 아이의 특징은 다음과 같이 정리할 수 있습니다.

• 성취욕, 자율성, 공격성이 강한 편이고 변화를 선호하는 경향이 있다.
• 관행에 동조하기를 거부하는 경향이 있다.
• 새롭고, 복잡하고, 어려운 문제를 선호하는 경향이 있다.
• 여성적인 취미가 있다.
• 정열적인 성향이 있다.
• 독립심, 모험심이 강하고 적극적이다.

- 성가실 정도로 호기심이 많고 이상주의적이다.
- **예술적이고 심미적이다.**
- 관찰력이 뛰어나고 '만약 ~라면' 하는 생각을 자주 한다.
- 사고의 융통성이 높다.
- 사고와 행동에 참신성이 높으나, 가끔 기억한 것을 쉽게 잊어버린다.

우리 아이에게 이런 특징이 보이지 않는다고 실망할 필요는 없습니다. 창의력의 싹은 어린 시절의 부모의 양육 태도에 따라 얼마든지 발현될 수 있는 것이다.

창의력 높은 아이들의 특징을 살펴보면 알겠지만 창의력이란 절대 인위적으로 키울 수 있는 것이 아니다. 배운다고 느끼는 것이 아니라 자기 스스로 개발해 나가는 것이다. 교육제도와 교육 방법이 창의력 신장에 방해가 된다고 많이 이야기한다. 하지만 창의력을 저하시키는 근본 원인은 가정환경과 부모의 양육태도 일 것이다. 말로는 창의력을 키워 준다고 하면서 규율과 규칙을 강조하거나, 인위적인 교육을 시키는 것이 바로 창의력을 소멸이 될 것이다. 또한 예술 활동을 게을리 하고 지적 활동에 치중한다면 그 역시 창의력의 문을 닫는 것이 될 것이다.

창의력을 길러 주려고 글쓰기를 시키면, 아이들은 '글을 쓰기 위해' 생각을 하게 되지요. 또한 그것을 글로 표현해야 한다는 부담감에 생각하는 것 자체를 싫어하게 될 수 있다. 창의력을 키우기 위해 억지로 많은 책을 보여 주는 것도 마찬가지이다. 보기 싫은 책을 억지로 읽다 보면 지식을 수동적으로 받아들이게 된다. 수동적으로 얻은 지식은 창의력 발달에 도움이 되지 않는다. 이처럼 아이는 성장을 하면서 놀이와 함께 형식 없는 예술 활동을 하게 된다. 그 때에 관심과 반응을 해 주는 것이 창의력 발산의 최고봉이 될 것이다.

오감을 자극하는 경험적 예술 활동은 창의력 자극에 큰 도움이 된다. 퍼즐 맞추기, 그림인지와 노래하기, 몸 흔들기(춤추기), 특히 미술활동은 창의력에 지대한 자극과 더불어 효과를 주게 된다.

3세부터 5세까지는 아이들의 일생을 통틀어 창의력이 가장 발달하는 시기이다. 따라서 이 시기에는 머릿속에서 생각만 하게 하기보다는 직접 보여 주고 만지고 느끼게 하는 게 창의력 증진에 훨씬 효과적이다. 이 시기에는 지적인 활동도 중요하지만 예술적인 감성적인 활동과 더불어 오감을 자극하는 활동이 창의력에 절대적인 도움이 된다.

또래와 어울려 예술 활동 놀이는 사회성뿐 아니라 창의력 발달에도 중요하다. 부모는 아이가 원하는 것을 주지만 또래 친구들은 그렇지 않다. 또래와의 충돌 상황에서 아이는 상대 입장이 되어 보기도 하고, 문제 해결을 위해 나름대로의 방법을 모색하면서 창의력을 키워 가게 된다.

창조성은 예술적 존재와 관련이 깊다. 예술은 창의성 밖에

서 거의 살아갈 수 없지만 예술을 창조하지 않으면 창조적
일 수 있다. 창의력의 산물은 예술이 아니다. 그것은 새로운
것, 독창성, 혁신이다. 창의력은 예술 세계 밖의 다양한 형태
로 나타난다. 새로운 제품, 새로운 응용 프로그램, 새로운 시
스템, 프로세스 또는 옷장을 구성하는 새로운 방법. 이들은
창조적인 노력의 모든 예이다.

창의력은 주어진 문제에 대한 가능한 해결책이 무한 할 때
유용하다. 미술은 영혼 깊숙한 사람들을 만지고 정상적인 예
상 매개 변수를 넘어서 의사소통하려는 시도이다. 그것은 많
은 모양과 크기로 제공된다. 표현하자면, 이미지, 형태 또는
움직임. 그럼에도 불구하고 예술이 얼마나 훌륭한 가는 예술
가의 창의력과 직접적으로 관련이 있다. 왜냐하면 창의성은
예술가의 작품을 평범함으로부터 벗어날 수 있는 힘이기 때
문이다. 예술가는 더 나은 예술을 창조하기 위해 창의력을
사용한다. 우리 사회에서는 너무 많은 사람들이 예술적이지
않기 때문에 스스로를 창조적이라고 생각하는 것이 도움이
된다. 누구나 창의력을 발휘할 수 있으며 운동과 확장이 가
능하다. 예술가의 창의력을 발휘하여 작업을 개선하는 것처
럼 누구나 자신의 창의력을 향상시킬 수 있을 것이다. 창의
력은 문제에 대한 예기치 못한 효과적인 해결책을 모색하는
것과 관련되어 있기 때문에 직업이나 상황에 관계없이 누구
에게나 있는 핵심 기술될 수 있다.

창의력은 탐구와 발견을 통해 독창적 인 아이디어를 형성

하는 과정에 중점을 둔다. 어린이의 창의성은 완제품에 대한 관심보다는 프로세스에 대한 경험을 토대로 개발된다. 창의력을 재능, 기술 또는 지능과 혼동해서는 안 된다. 창의력은 다른 사람들보다 더 나은 것을 하는 것이 아니라 생각하고 탐구하며 발견하고 상상하는 것이다. 창의력은 명백한 예술과 음악에서 발견되지만 과학과 놀이에서도 볼 수 있다.

예술, 음악, 무용, 드라마를 창의적인 아이디어의 사례로 생각하기 때문에 성장하는 어린이의 삶의 모든 측면에서 창의적인 사고가 발견되고 일상생활에서 배울 수 있다. 창조성을 위한 기회를 제공하는 것은 아이들이 빈 종이에 크레용으로 그림을 그리거나, 음악에 맞추어 나무로 되는 스푼으로 냄비를 부 치거나, 담요와 쿠션이 있는 독서 영역을 만들거나, 좋아하는 어린이 녹음. 비어있는 표면에 그림을 그리는 것만 큼 의외로 중요한 예술 놀이 활동이 많이 있다.

창의성을 유지하는 데 교사로서 우리는 무엇을 할 수 있습니까? 아이가 당신에게 드로잉을 선물하고 "내가 만든 것을 보세요!"라고 말하면 "드로잉에 대해 말해주십시오"라고 대답하거나 "드로잉에 대해 무엇이 마음에 드십니까?"라고 대답하십시오. 이러한 개방형 응답 자녀가 자신의 창의력을 평가하게하면서 동시에 가까이에 있는 일에 관해 대화를 시작하는 것이 창의력에 도움이 된다. 페인트의 끈적끈적한 녹색 덩어리가 될 수 있기 때문에 그 끈적끈적한 녹색 덩어리가 무엇인지에 대해 추측하지 마십시오. 아동의 예술 작품에 대해 아무 것도 가정하지 않으면 자기 평가와 의사소통의 문이 열리게 될 수 있다.

교사는 창의력을 어떻게 장려 할 수 있습니까? 어린 아이들의 독창성을 장려하는 것은 교사가 어린이 스스로에게 어떤 통제를 허용하고 수락하고 돌이킬 수 있는 채널을 열어야 하는 과정이다. 테네시 대학의 인간 생태학 대학 학장 인 James D. Moran III는 교사들에게 다음과 같이 제안합니다.

* 제품보다는 프로세스를 강조하십시오.
* 어린이가 과도한 제한 없이 탐험하고 놀 수 있는 교실 환경을 제공하세요.
* 어른들의 생각에 맞게 아이들의 아이디어를 구조화하기보다는 아이들의 아이디어에 적응하십시오.
* 어린이의 다양한 문제 해결에 대한 판단을 중지함으로써 어린이의 이상한 생각을 수락하십시오.
* 커리큘럼의 모든 부분에서 창조적인 문제 해결을 사용하십시오. 일상생활에서 자연스럽게 발생하는 문제를 사용하십시오.
* 아이들이 모든 가능성을 탐색하고 인기 있는 아이디어에서 더 독창적 인 아이디어로 옮길 수 있는 시간을 주세요.

Sparking 창의력은 일반적인 교실 활동을 통해 즐겁고 쉽게 된다고 주장하면서 다음과 같이 주장했다. 예를 들어, 아이들과 야외에서 천천히 걷고 세상을 주목하십시오. 자연의 여러 가지 색과 귀중한 디테일에 대해 이야기하십시오. 교실로 돌아와 어린이들이 크레용, 분필 또는 페인트를 사용하여 그들이 기억하는 것을 표현하도록 하십시오. 다른 날에는 그림 자료를 공원과 함께 학교 운동장으로 가져가서 어린이들이 전에 간과 한 것 같은 것을 눈치 챌 수 있도록 격려하라는 것이다. 그림 그리기는 어린이들이 자세히 볼 수 있는 훌륭한 방법으로 창조적인 발산이 크게 작용될 것이라는 것과 흥미를 얻게 될 것이다.

2) 예술을 통해 창의력을 길러주는 쉬운 방법

미술 분야는 아이들이 예술 작품을 통해 창의적이고 쉽기 때문에 좋아한다. 다음 팁은 교실 전반에 걸쳐 예술에 창의성을 통합하는 것이 얼마나 쉬운지를 보여준다.

● 아이들이 자발적으로 할 수 있는 예술 탐험을 허용하십시오. 따라야 할 방향과 계획된 프로젝트가 적당하지만, 개방형 예술은 프로그램의 80% 이상이어야 한다. 교실에 콜라주 영역을 두는 것은 아이들의 창의력을 북돋는 가장 좋은 방법이다. 플라스틱 욕조나 신발장에 물건을 넣거나 꺼내고, 테이프, 접착제, 스테이플러, 스티커 및 판지 또는

두꺼운 종이를 제공하고. 아이들이 손에 있는 재료로 자신의 콜라주를 조립하고 디자인 할 때 조심하고, 단추를 구슬로 바꾸고 콜라주가 새로운 창의력을 발휘하는지 확인해 보다. 종이를 판지로 바꾸면 완전히 새로운 경험이 될 것이다.

● 교실에 아이들이 자유롭게 탐구하고 발견 할 수 있는 미술 센터를 만들어 보라. 필요한 것은 크레용, 접착제, 스테이플러, 테이프, 가위, 스크랩, 색종이 및 콜라주 자료 모음과 같은 소모품 통으로 가득 찬 저반 선반 옆에 있는 테이블이다. 귀하가 가르치는 자녀들의 나이에 따라 독립적인 접근을 허용하라. 나이가 많은 아이들은 젊은 아이들보다 더 많은 자료와 자유를 누릴 수 있지만 어린 아이들은 분명히 독립적으로 일할 수 있다. 가능성을 넓히기 위해 페인트 이젤과 플레이 도울을 추가 해 보라.

창의력은 인간을 독특하게 만드는 것이다. 그것은 자연으로부터의 대접이다. 창의력은 사회적 지위, 교육 수준, 인종, 문화, 성별, 부, 정신 상태 또는 IQ와는 아무런 관련이 없다. 창의력은 사고에서 생산에 이르기까지 현실에 영향을 미치기까지 자연스럽게 진행된다. 창의력은 위험을 감수하고, 가정에 도전하고, 새로운 방식으로 사물을 보는 것이다.
미학과 예술에 대한 개방성은 영감의 감각을 심어줌으로써 개인의 창의력을 향상시킬 것이다. 이전의 문헌은 예술적 경험이 창조성을 증가 시킨다는 주장을 제기 했지만, 이 효과의 기초가 되는 심리적 과정을 문서화하거나 그것이 예술 외부의 영역으로 옮길 수 있는지 여부를 시험하는 경험적 증거가 부족 했다. 예술, 영감, 창조성에 대한 감상은 창의력과 관련이 있다. 미적 경험에 대한 개방적인 태도를 가진 참가자들은 영감을 얻었고 창조적인 해결책을 더 잘 창출 할 수 있었다. 예술 작품에 대한 감상은 영감을 불러 일으켰으며, 창의력이 향상 되었다. 마지막으로 예술 감상의 힘은 제품 디자인, 브랜드 이름 지정 및 문제 솔루션 생성에서 성능을 향상시킨 비즈니스 환경으로 확장되었다

15. 주의력결핍 과잉행동장애(ADHD)와 창의력

주의력결핍 과잉행동장애(ADHD)를 가진 사람들은 아이디어를 생성하는 것을 선호하는 반면, ADHD가 없는 사람들은 문제를 명확히 하고 아이디어를 개발하는 것을 선호하는 것으로 나타났다. 대중의 의견과는 반대로, 자극제는 실제로 창의력을 저해하지 않을 수도 있다(주의력 결핍 과다 장애 (ADHD) .2011을 가진 청소년의 창조적 사고 중에서)

ADHD에 동반 된 충동과 빠른 사고가 창의력 을 향상시킬 수도 있습니까? 그리고 창조적 인 과정에서 약이 갖는 역할은 무엇입니까? 자극제가 독창성을 방해합니까? 의 질문은 일상적인 질문은 아니다 왜냐하면, ADHD는 심리학적으로 병리적인 것으로 구분하기 때문이다.

ADHD 두뇌는 생각에 대한 제약에 의해 그만큼 억제되지 않을 수 있다. Abraham et al. (2006), ADHD 청소년, 행동장애 청소년, 대조군은 각각 창의성 측정으로 평가되었다. ADHD 그룹은 제약 조건을 극복 할 수 있는 비율이 더 높은 것으로 나타났지만 이미지 작업으로 발명을 만드는 것은 어려웠다.

White and Shah (2006)의 연구에서, ADHD 환자는 발산적사고(즉, 문제에 대한 창조적인 해결책을 제시)에서 ADHD가 없는 사람들보다 높은 점수를 얻는 것으로 나타났다. 그러나 ADHD를 가진 사람들은 수렴 사고의 척도(즉, 시험 문제에

"정확한" 답을 주는 것)에서 ADHD가 없는 사람들보다는 점수를 얻지 못했다.

White and Shah(2011)의 추후 연구에 따르면 ADHD 환자는 ADHD가 없는 사람들보다 독창적인 독창성과 창조적 성취도에서 더 높은 점수를 받았다. ADHD를 가진 사람들은 아이디어를 생성하는 것을 선호하는 반면, ADHD가없는 사람들은 문제를 명확히 하고 아이디어를 개발하는 것을 선호하는 것으로 나타났다.

대중의 의견과는 반대로, 자극제는 실제로 창의력을 저해하지 않을 수도 있다. Farah et al. (2009)는 창의력의 4가지 기준에 따라 16명의 젊은 성인을 측정했다. 그 중 두 가지 조치는 발산적 사고가 필요했고 다른 두 가지는 수렴적 사고가 필요했다. ADHD와 독창성에 대한 더 많은 연구가 필요하지만 ADHD와 창의력 사이에는 상관관계가 있는 것으로 볼 수 있다.

ADHD를 가진 많은 사람들은 잠재적인 강점이 있다. 최근 연구에 따르면, ADHD 뇌는 일반 사람들의 뇌보다 더 많은 세타파를 생성하는 경향이 있다는 것을 발견했다. 쎄타파는 생산하는 파도이다. 몇몇 의사들은 응급실 의사와 간호사, 경찰관, 소방 및 구조 요원, 언론인, 주식 거래자, 프로 운동선수 및 연예인들 사이에서 많은 ADHD를 경험한다고 고백하고 있다. ADHD가 있는 사람들은 다른 사람들이 위기에 처했을 때, 우리는 냉담하고 침착하며 통제 할 수 있다는 것이다.

멤피스 대학교 (University of Memphis)의 60명의 학부생을 대상으로 한 연구에 따르면 ADHD 환자들은 ADHD가 없는 학생들보다 창의적인 성취를 즐겼다. ADHD를 가진 대학생들은 드라마, 유머, 음악, 시각 예술, 창조적 인 글쓰기, 발명 및 과학적 발견을 포함한 10가지 영역에서 창의성을 측정 한 일련의 테스트에서 더 높은 점수를 받았다.

그 이유는 다빈치가 ADHD 였다는 사실이 증거가 된다. 이 연구에서 30명의 ADHD 학생들은 11가지 다른 창의성 테스트에서 동료 학생들보다 높은 점수를 받았다. 그것은 세타파3) 때문이다. 셰익스피어와 모차르트도 ADHD가 있었다. 그들은 지금까지 살았던 가장 창조적 인 천재 중 두 사람이다. 셰익스피어는 믿을 수 없을 정도로 꽉 짜여 진 형태들, 공백의 구절, 희미한 구절들, 희곡들, 희곡들, 희곡들, 희곡들 등을 썼다. 그 구조 안에서 그는 무한한 다양성을 창조했다. 그는 특별한 다양성을 창조했으나 그 구조가 필요했기 때문이다.

---

3) 세타파(theta(Θ) wave)강한 흥분상태나 얕은 수면 중에 나타난다. 깊이 내면화되고 조용한 상태의 육체, 감정 및 사고 활동과 관련되어 있으며, **창조적이고 자발성**이 있을 뿐만 아니라 혼란, 산만, 공상, 우울, 불안과도 관계가 있다(상담학 사전, 2016. 01. 15., 김춘경, 이수연, 이윤주, 정종진, 최웅용).

2004년 "창의력은 영원히"라는 책 에서 게리 데이비스 (Gary Davis)는 1961년부터 2003 년까지 창의성 문헌을 검 토 한 결과 창조적인 인물의 22가지 재발 성격 특성을 확인 했다. 여기에는 16가지 "긍정적 특성"(예 : 독립적, 위험 감 수성, 고 에너지, 호기심, 유머, 예술적, 감정적)과 6 가지 "부정적인 특성"(예 : 충동 적, 과잉 행동, 논증 적)이 포함 된다. Bonnie Cramond 는 독창성 문학에 대한 자신의 검토 에서, 높은 수준의 자발적 아이디어 생성, 정신 방황, 공상, 감정을 포함하여 주의력 결핍 과잉행동장애(ADHD)에 대한 행동 설명으로 이러한 동일한 특징 중 상당 부분이 상당 부 분 중복된다는 사실을 발견했다. 그 이후 ADHD 특성을 가 진 사람들은 이러한 특성이 없는 사람들보다 창의적 사고와 성취 수준이 높을 가능성이 높다는 연구 결과 가 있다.

Darya Zabelina와 동료의 최근 연구에 따르면, 실생활의 창의적 업적은 주의력을 넓히고 ADHD 환자가 탁월한 '누출' 정신 필터 가있는 것과 관련이 있다는 사실이 밝혀졌다. 인 지 신경 과학의 최근 연구는 ADHD와 창조성 사이의 연관성 을 제시한다. 창조적인 사상가와 ADHD 환자 모두 "상상 네 트워크"에서 오는 두뇌 활동을 억제하는 데 어려움을 보였 다 .

1) 상상 네트워크

상상력이 긍정적인지 또는 부정적인지는 상황에 달려 있지
만 주의력을 제어 할 수 있는 능력은 가장 중요한 자산이 된
다는 점이다. ADHD는 내면의 정신을 방해하는 어려움은 지
루한 교실 강의에 주의를 기울이 것에 어려움 있다. 그러나
상상력, 그리고 꿈에 대한 백일몽의 내부 흐름을 유지하는
능력은 창조성에 엄청난 도움이 될 수 있다. ADHD 특성을
장애로 자동 치료함으로써 종종 교육적 맥락에서 너무 많은
유능하고 창조력이 나타난다는 점이다.

2) ADHD 및 예술적 창조성

ADHD 에는 많은 수의 배우, 음악가 및 기타 유형의 아티
스트가 있다. 그들의 ADHD와 그들의 창조성 사이 연결이
있는지 생각해 보는 것은 자연스럽다. 실제로 Black Eyed
Peas의 창업자인 will.i.am 및 Oscar 상을 받은 감독 Alejandro
González Iñárritu 와 같은 일부 예술가는 ADHD를 공개적으로 성
공 요인으로 꼽았다. 재능을 지니고 예술적 성공을 거두는 것
에 ADHD가 있었다. 예술적 능력이 ADHD에 묶여 있음을
제안 하는 연구는 없다. 그러나 일부 전문가들은 ADHD가
어떤 사람들에게는 창조적인 성공에 중요한 역할을 할 수 있
다는데는 동의한다. ADHD 환자는 종종 위험을 감수한다.
ADHD를 앓고 있는 일부 어린이에게는 위험한 행동이 문제

가 될 수 있다. 위험을 감수하겠다는 의지가 있을 수도 있다. 창조적인 경력을 추구하는 것은 거기에 자신을 두고 가능한 거절에 직면해야 한다. 즉, 위험을 감수해야 할 때에 창의력 이 나타날 수 있다.

홀리 A. 화이트(Holy A. White)는 산만은 제한이 될 수 있지만 전통적인 학습 환경이나 체계적인 접근 방식을 갖춘 직장에서 ADHD 환자는 매우 혁신적이며 유용하고 새로운 아이디어를 창출 할 수 있음을 주장했다. ADHD 환자들은 여러 가지 방향으로 많은 아이디어를 나눌 수 있다.

미술치료는 다양한 조건을 다루며 ADHD도 예외는 아니 다. ADHD는 미술치료로 기술을 발전시키고, 자기 존중감을 높일 수 있다(창의력을 발휘하여 자기 존중감을 형성). 예술 을 만드는 과정은 예술가를 진정시키고 착실하게 할 수 있 다. 때로는 ADHD의 바쁜 마음과 높은 감정이 그들을 압도 하고 그리기 나 그림은 거의 명상적인 경험이 될 수 있다(ADHD 증상 : ADHD 징후와 증상). 예술을 창조하는 것은 감정을 조절하고 예술 작품을 성형하는 뇌의 부분에 영향을 주어 무정적인 감정을 통제하려는 느낌을 닮을 수 있다.

예술창조는 또한 집중력을 향상시키고, 에너지를 지도하며, 안절부절 못하는 ADHD에게 손을 사용할 수 있는 기회를 제 공할 수 있다. 때로는 머리에 너무 갇히거나 생각 없이 행동 한 것처럼 보일 수도 있다. 조각이나 그림은 자신의 몸, 생 각, 감정을 통합한다. 게다가 우울증을 완화시키는 신경 전달

물질인 세로토닌(serotonin)의 수준을 높여 스트레스를 줄여 주는 것과 같은 원리이다. 결과적으로 ADHD는 창의력과 관련이 있다는 것이다.

참고 문헌

Abraham, A., et al (2006). 주의력 결핍 과다 활동 장애가 있는 청소년의 창의적 사고 (ADHD. Child Neuropsychology, 12, 111-123.

Forster, S., & Lavie, N. (2016)주의 산란 성의 특징 정의. Psychological Science, 27, 203-212.

Fugate, CM, Zentall, SS, & Gentry, M. (2013). 주의력 결핍 과다 활동 장애가없는 영재 학생들의 창의력과 기억력 : 마스크를 들어 올리는 것. Gifted Child Quarterly, 57, 234-246.

Gray, P. (2009). 사냥꾼 수집가 사회적 존재를위한 기반으로 노십시오. American Journal of Play, 1, 476-522.

Healy, D., & Rucklidge, J. (2006) 아동의 ADHD 증상, 창의력 및 신경 심리학 적 기능 간의 관계에 대한 조사. Child Neuropsychology, 12, 421-438.

Liebenberg, L. (1990). 추적 기술 : 과학의 기원.

Swartwood, M., Swartwood, J., & Farrell, J. (2003). ADHD의 자극 치료 : 창의력과 문제 해결의 유연성에 미치는 영향. Creativity Research Journal, 15, 417-419.

Wannenburgh, A. (1979). 부시맨.

White, H., & Shah, P. (2006). 억제 할 수없는 상상력 : 주의력 결핍 /과잉 행동 장애가있는 성인의 창의력. 개성 과 개인차, 40, 1121-1131.

White, H., & Shah, P. (2011). 주의력 결핍 / 과다 활동 장애가있는 성인의 창의적인 스타일과 성취. 개성과 개인차, 50, 673-677.

전체 참고문헌

"Alfred Adler(1970) Biography". Encyclopedia of World Biography. Archived from the original on 7 January 2010. Retrieved 10 February 2010.

"Alfred Adler's Influence on the Three Leading Cofounders of Humanistic Psychology". Journal of Humanistic Psychology (September 1990).

Adler, A. (1932). Narcotic Abuse and Alcoholism, Chapter VII. p. 50-65. The Collected Clinical Works of Alfred Adler: Journal articles: 1931-1937.

Adler, Alfred(1956). What Life Could Mean to You. 1998, Hazelden Foundation. Center City, Minnesota: Hazelden. 58.

Adler, Alfred1972). What Life Could Mean to You. 1998, Hazelden Foundation. Center City, Minnesota: Hazelden. 58-59.

Alfred Adler(1956) The Individual Psychology of , 1956, edited by H. L. Ansbacher, R. R. Ansbacher, 132-133

Alfred Adler(1992) Understanding Human Nature (1992)

Ansbacher. Heinz L.(1962) Was Adler a disciple of Freud? A Reply. Journal of Individual Psychology.

Ashby, F. G. (2000) A stochastic version of general recognition theory. Journal of Mathematical Psychology 44: 310-329.

Csikszentmihalyi, Mihaly (1996). Flow and the psychology of discovery and invention. New York: Harper Collins.

Csikszentmihalyi Mihaly (1997).Creativity Flow and the Psychology of Discovery and Invention. New York: HarperCollins

Dacey, John (1999). "Concepts of Creativity: A history". In Mark A. Runco; Steven R. Pritzer. Encyclopedia of Creativity, Vol.

Dreikurs, R. Rudolf. (1989). Fundamentals of Adlerian Psychology. Chicago, Illinois: Adler School of Professional Psychology, Copyright.

Dreyfus, H. L. (1979) What computers can't do: the limits of artificial intelligence, New York : Harper and Row.

Ellenberger, H. Alfred Adler(1970) and Individual Psychology. In The Discovery of the unconscious: The History and evolution of Dynmaic Psychology. N.Y: Basic Books.

Eric Berne(1975) What Do You Say After You Say Hello. 71-81.

H. H. Mosak/M. Maniacci, A Primer of Adlerian Psychology (1999). 64-5
Hall, C. S. & G. Lindzey. (1978). Theories of Personality. N.Y.
Hartley, David. 1998 (1749). Observations on Man. Washington, D.C.: Woodstock Books.
Harvard(2018) "Innovation Labs". Retrieved 10 August.
Henri F. Ellenberger(1970) The Discovery of the Unconscious. 624
Hoffman, E (1994). The Drive for Self: Alfred Adler and the Founding of Individual Psychology. Reading, MA: Addison-Wesley. 41-91.
Levelt, W. J. M. (1989) Speaking: From Intention to Articulation, Cambridge, MA: The MIT Livingstone, M.S. and Hubel, D.H. (1988) Segregation of form, colour, movement and depth: Anatomy, physiology and perception. Science 240: 740-749.
Logan, G.D. (2004) Cumulative progress in formal theories of attention. Annual Review Of Psychology 55: 207-234.
Maslow, A. H. Was Adler(1962). a disciple of Freud? A note. Journal of Individual Psychology.
Massaro, D. W. (1998) Perceiving talking faces: from speech perception to a behavioral principle, Cambridge, MA: The MIT Press.
McClelland, J. L. and Rumelhart, D. E. (1981) An Interactive Activation Model of Context Effects in Letter Perception: Part 1, Psychological Review 88: 375-407.
Medlin, D. L. (1989) Concepts and conceptual structure. American Psychologist 44: 1469-1481.
Medlin, D. L. and Ross, B. H. (1992) Cognitive psychology. Fort Worth: Harcourt Brace Johanovich.
Appleton-Century-Crofts.
Newell, A., and Simon, H. A. (1972) Human Problem Solving, Englewood Cliffs, NJ: Prentice-Hall.
Newell, A., Shaw, J. C., and Simon, H. A. (1958) Elements of a Theory of Human Problem Solving. Psychological Review 23: 342-343.
Nikelly, G. Arthur. (1979). Techniques for Behavior Change -Applications of Adlerian Theory-. Chicago, Illinois: Thomas Books.

Oklahoma State University. "CIE: The Creativity, Innovation, and Entrepreneurship Learning Community". Retrieved 10 August 2018.

Orgler, H. (1976). Alfred Adler. International Journal of Social Psychiatry, 22(1), 67-68.

Orgler, Hertha(199). Alfred Adler, the Man and His Work;. London: C. W. Daniel, 6.

Pashler, H. E. (1999) The psychology of attention, Cambridge, MA: MIT Press,

Pinker, S. (1994) The language instinct, New York: W. Morrow and Co.

Posner, M.I. (1980). Orienting of attention. Quarterly Journal of Experimental Psychology 32: 3-25.

Preckel, F.; Holling, H.; Wiese, M. (2006). "Relationship of intelligence and creativity in gifted and non-gifted students: An investigation of threshold theory". Personality and Individual Differences. 40: 159-170

Robinson, Daniel N. (1986) An Intellectual History of Psychology. Madison: University of Wisconsin Press.

Robinson, Daniel N. 1998. The Mind: An Oxford Reader. Oxford: Oxford University.

Roediger III, H. L. (2002) Processing approaches to cognition: The impetus from the levels-of-processing framework. Memory 10: 319-332.

Russo, J. E. & Dosher, B. A. (1983) Strategies for multiattribute binary choice. J Exp Psychology Learning, Memory & Cognition 9: 676-696.

Ryle, Gilbert.(1949) The Concept of Mind. London: Hutchinson.

Sanjana, N. E. & Tenenbaum, J. B. (2003) Bayesian models of inductive generalization. Advances in Neural Information Processing Systems 15: 59-66.

Sperling, G. (1960). The information available in brief visual presentations. Psychological Monographs, 74 1-29.

Squire, L. R., Zola, S. M. (1996) Structure and function of

Watson, J.B. (1913) Psychology as the behaviorist views it, Psychological Review 20: 158-177.

창의융합교육의 이론과 실제

Practice & Theory of Creative Convergence Education

초판 인쇄 2019년 3월 3일
저   자 백성혜 김상인 공저
펴 낸 곳 만남과 치유 (Meeting & Healing)

주   소 서울시 송파구 위례성대로 12길 34, 201호
         (방이동163-9)
         E-Mail : meetinghealing@hanmail.net
         Telephone : 0502-847-3024

정   가 12,000 원
잘못 만들어진 책은 본사 및 구입처에서 교환해 드립니다.
ISBN : 979-11-966283-0-7 93370